朝日新書
Asahi Shinsho 947

財務３表一体理解法
「管理会計」編

國貞克則

朝日新聞出版

はじめに

本書は、2012年に出版された『財務3表実践活用法』（朝日新書）の大改訂版です。今回の改訂で、「原価計算」や「キャッシュフロー・マネジメント」などについて新たに書き下ろし、同時に他の「財務3表シリーズ[*1]」と重複していたところを割愛したことなどにより、内容の半分が新しくなりました。

内容の半分が新しくなっただけでなく、書籍の目的と構成を抜本的に見直したことにより、改訂前の本とは全く趣向の異なる、「管理会計[*2]の本」として生まれ変わりました。

＊1　『新版　財務3表一体理解法』、『新版　財務3表一体理解法　発展編』、『新版　財務3表図解分析法』の3冊。

朝日新書から出版されている「財務3表シリーズ」はどれも財務会計の本ですが、本書は管理会計の本です。「財務3表一体理解法」で財務会計がスラスラ理解できたように、本書で管理会計もスラスラ理解できると思います。

本書の目的は、会計の専門家ではない人に管理会計の全体像とその基本的な考え方を理解してもらい、管理会計に関して会計分野の人たちと臆することなく話ができるようになってもらうことです。

会計の専門家ではない人にとって会計は理解しがたい分野です。特に、簿記や仕訳の勉強をしたことのない人にとって財務会計は理解が困難な分野でした。しかし、財務会計はルールが事細かに決まっていますから、会計の専門家ではない人向けの適切な勉強法さえあれば、財務会計は理解できない分野ではありませんでした。その勉強法が「財務3表一体理解法」でした。

「財務3表一体理解法」はその名が示すように、損益計算書（PL）・貸借対照表（BS）・キャッシュフロー計算書（CS）という財務3表を一体にして勉強するのが特徴でした。ただ、「財務3表一体理解法」にはもう一つ大きな特徴がありました。それは、

ＰＬ・ＢＳ・ＣＳという財務３表が、事業の全体像である お金を集める →投資する →利益をあげる という３つの活動を説明しているということを明らかにしたことでした。

実は、管理会計もまた別の意味で会計の専門家ではない人にとっては理解が難しい分野です。それは、管理会計は財務会計と違って明確な定義やルールがないからです。原価計算が１９６２年にできた「原価計算基準」に則っているといった一部の例外を除けば、管理会計には明確な定義やルールがあるわけではありません。

管理会計に関する解説書を数冊手に取ればすぐにわかることですが、それぞれの著者が独自の視点・独自の構成で管理会計を説明しています。それらの本の中には、意思決定会計・戦略会計・計画会計・業績管理会計・統制会計・マネジメントコントロールなどさまざまな言葉が出てきます。会計の専門家ではない人にとっては、管理会計に関し

＊２　「管理会計」とは企業内部のマネジメントのための会計であり、「財務会計」とは企業外部の関係者に企業の情報を提供するための会計です。

て何をどのように学べばよいのか、また何がわかれば管理会計がわかったと思ってよいのか戸惑います。

管理会計は、英語の“Management Accounting”という言葉が示すように、事業をマネジメントするための会計です。ですので、事業の全体像である［お金を集める］→［投資する］→［利益をあげる］という3つの活動を意識しながら、つまり財務3表を意識しながら勉強すれば、管理会計の全体像とその基本的な考え方が整理された形で理解できるのです。

ちなみに、本書で取り扱う管理会計の具体的な内容としては、原価計算、予算による事業マネジメント（予算策定プロセス・損益分岐点分析・CVP分析・予実管理）、キャッシュフロー・マネジメント、投資評価や企業価値評価の方法、事業再生の考え方といった項目になります。

これらの内容について書かれた管理会計の本は多数ありますが、本書では会計の専門家ではない人が混乱するポイントを丁寧に解説するということを基本スタンスとし、事業の全体像である「財務3表」を意識しながら「管理会計」の各項目を説明していきます。

そのような本書の特徴と目的を明確にするため、今回の改訂版のタイトルを『新版財務3表実践活用法』とはせず、『財務3表一体理解法「管理会計」編』としました。

管理会計は極めて有効なマネジメント・ツールです。しかし、管理会計だけで事業経営が成り立つわけではありません。本書では管理会計を、マネジメントの全体像やその基本的な考え方と関連付けながら説明しています。

マネジメントの考え方としてベースにしたのはドラッカー経営学です。ドラッカーは「マネジメントの父」と呼ばれ、人類史上初めてマネジメントという分野全体を体系化した人であり、物事の本質を見極めることに天賦《てんぷ》の才があった人です。

管理会計をマネジメントの全体像やその基本的な考え方と関連付けながら説明することで、管理会計の有効性とその効果的な活用法がより明確になると思います。

管理会計は有効なツールです。しかし、どんな有効なツールでもその使い方を間違えば破滅に向かいます。だからこそ、マネジメント全体を意識しながらそれを効果的に活用してもらいたいと思います。

本書は、読者のみなさんがすでに「財務3表シリーズ」を読み終えているという前提で書いています。「財務3表シリーズ」を読んでいなくても本書を読み進めることはできると思いますが、少なくとも『新版　財務3表一体理解法』だけは事前に読んだうえで、本書を読み進めることをお薦めします。

本書で管理会計の全体像とその基本的な考え方を理解し、ぜひ現場で活用してください。

財務3表一体理解法「管理会計」編

目次

第3章　予算を使って事業をマネジメントする（予実管理）　67

第4章　利益と現金は異なる（キャッシュフロー・マネジメント）　117

図表／谷口正孝

管理会計に関する本の多くは、「業績評価」や「財務情報分析」などといった見出しで財務分析の説明をしています。私が書いた「財務3表シリーズ」では、『新版　財務3表図解分析法』で財務分析について詳しく説明していますので、本書での説明は割愛しています。

第1章　管理会計に関わる予備知識

(1) 本書における管理会計の学び方について

管理会計とはそもそも何なのでしょうか。いろいろな団体や個人が管理会計を定義しようと試みていますが、管理会計にはいまだに統一された定義があるわけではありません。ただ、「管理会計」の英語である"Management Accounting"という言葉が示すように、管理会計はマネジメントのための会計です。

では、マネジメントとは何なのでしょうか。そもそも企業のマネジメントは何のためにあるのでしょうか。

経営学者のピーター・ドラッカーは「企業にとって第一の責任は、存続することである」[*3]「社会と経済にとって必要不可欠なものとしての利益については、弁解など無用である。企業人が罪を感じ、弁解の必要を感じるべきは、経済活動や社会活動の遂行に必要な利益を生むことができないことについてである」[*4]と言います。

マネジメントの第一の責任は企業を存続させることです。事業の全プロセスをマネジ

図表1－1　すべての企業に共通する3つの活動

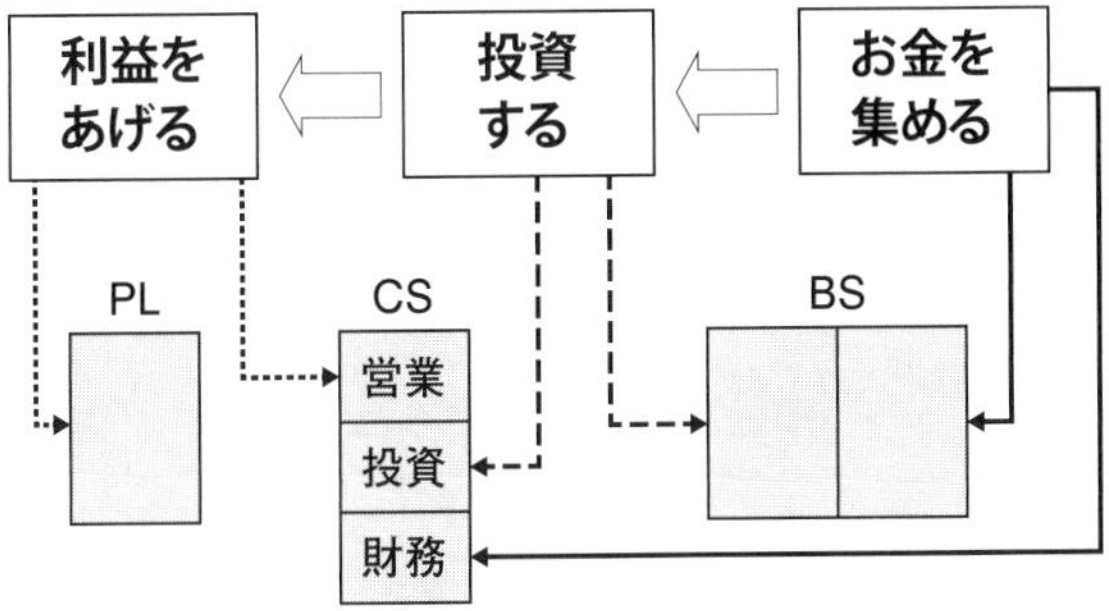

メントして企業を存続させなければならないのです。

では、会計的にマネジメントすべき事業の全プロセスとは何でしょうか。それは「財務3表一体理解法」で明らかにした、すべての企業に共通する［お金を集める］→［投資する］→［利益をあげる］という事業の全プロセスです（図表1－1）。企業は利益をあげられなくなれば倒産します。この事業の全プロセスをマネジメントして利益をあげ続けなければならないのです。

そして、この事業の全プロセスがPL・BS・C

＊3　『現代の経営』P・F・ドラッカー著、上田惇生訳（ダイヤモンド社）

＊4　『マネジメント　課題、責任、実践』P・F・ドラッカー著、上田惇生訳（ダイヤモンド社）

Sという財務3表で表されているのですから、財務3表を意識しながら管理会計を学べば、管理会計の全体像と基本的な考え方が整理された形で理解できるのです。

もちろん、管理会計は企業の外部の情報も取り扱います。企業を存続させようと思えば、顧客や市場や競合会社など企業外部の情報が重要になってくるからです。しかし、顧客や市場や競合会社などの企業の外部をコントロールすることはできません。企業を存続させようと思えば、企業外部の情報をにらみながら、企業の内部をコントロールしていくしかないのです。

本書では、管理会計の目的を「利益をあげ続けるための会計」とし、すべての企業に共通する［お金を集める］→［投資する］→［利益をあげる］という事業の全プロセスを会計的に説明している財務3表を意識しながら管理会計を学んでいきます。

(2) デカルト以来の分析思考が有効に使える

「本書における管理会計の学び方」というところから話を始めましたが、みなさんが仕事の現場で目にする資料の多くは管理会計に属するものです。資料の名前は会社によってさまざまでしょうが、月次や週次の売上と利益をまとめた「業績集計表」、予算と実績の差異を分析した「予実管理表」、さらにはみなさんが現場で耳にする「限界利益」や「損益分岐点分析」といった言葉もすべて管理会計に属するものです。

これら管理会計に関する資料の考え方や言葉の意味を説明する前に、会計をマネジメントに活用するということに関してお伝えしておきたいことが2つあります。

1つ目は、会計にはデカルト以来の分析思考が有効だということです。物理的なもの、すなわち全体が部分から成り、かつ部分の集合が全体になるようなものは、分析によって理解することが有効です。

例えば、機械装置のような物理的なものは、それぞれの部品から成り立ち、それぞれの部品の集合が全体の機械装置になります。そのような機械装置は、それぞれの部品に分解し分析することによって理解できます。機械装置が故障したときに修理をする場合も、機械装置を分解し分析して故障箇所を特定し、それに対して手を打つことになります。

企業内の会計的数値は物理的なものです。つまり、販売会社では、一人ひとりの営業担当者の売上高の合計が会社全体の売上高になります。製造会社では、日々の生産量の合計が1年間の生産量になります。ですから、会社の事業実態を会計的に理解しようと思えば、部分に分解し分析することが有効なのです。

細かく分解すればするほど、より多くのものが見えてきます。そして、その分解したものを同じ種類の他のものと比較して分析（比較分析）したり、分解したものが週単位や月単位といったように時間と共にどう変化したかを時系列で分析（時系列分析）すれば、見えていなかったものが見えてきます。

このことを具体的な例を挙げて説明しておきましょう。私の顧問先に電子機器の販売会社（以降、A社と呼ぶことにします）がありました。従業員約150名、全国に約10カ所の営業拠点を持っていました。製品の製造はA社の親会社が担っていました。A社が販売する電子機器は、現地での取り付けが必要な製品で、A社が製品を直接最終顧客に販売するのではなく、最終販売店に製品を販売するというB to Bのビジネスを行っていました。

A社では、全社の売上と利益が、製品別、顧客企業別、営業拠点別に整理され、それらの数字が一人ひとりの営業担当者に紐付けられていました。そして、これらの製品毎、顧客企業毎、営業拠点毎、営業担当者毎のデータの比較分析と時系列分析を行っていました。

そうするといろいろなことが見えてきます。例えば、ある時からある営業担当者の売上と利益が急に増え、その後しばらく経ってからその営業担当者が所属する営業拠点の売上と利益が伸びていくとか、ある時からある顧客企業で特定の製品の売上と利益が減っていくといったことです。

これらのことから考えられることは、ある営業担当者が効果的な販売方法を開発し、その成功事例がその営業担当者がいる営業拠点に共有されたのではないかとか、ある顧客企業では製品の販売方針がある時点から変わったのではないかといったことです。

変化や違いの裏には必ず何かの原因があります。変化や違いからその原因をつきとめ、それを事業経営に活かすことができるのです。

ただ、会計数字の何をどのように分解し分析していけばいいかは企業によってさまざまです。例えば、素材メーカーや部品メーカーでは販売先がほぼ固定化していて、販売価格も長期契約で比較的長期間変化しないという場合が少なくありません。このような場合、これらの会社が利益を生み出すカギになるのは製造部門です。つまり、製造コストを圧縮し続けることが会社の利益アップにつながるのです。ですから、これらの会社が分析すべき重要な数値は製造に関わるものになります。

また、分析する時間のスパンも企業によって異なります。年に1度新製品を出すようなビジネスを行っている会社で「中期計画」と言えば3年程度でしょうが、製品の入れ替わりが極めて早いビジネスでは、「中期計画」と言えば3カ月程度を指す場合もあります。

管理会計を理解するのが難しいのは明確な定義やルールがないからだけでなく、このように管理する数値や時間のスパンが会社によってさまざまだからです。そういった意味では、管理会計の種類は会社の数ほどあるとも言えるのです。

1 分析と知覚

「管理会計には分析が有効」などと言うと、読者のみなさんの中には、「そんなこと言われなくても、何事も本質を理解しようと思えば分析するのは当たり前でしょう」と思われる方がおられるかもしれません。

デカルト以来の分析思考によって、私たちは物事を理解するには分析だと思ってきました。科学の世界も学校教育の世界も基本は分析思考です。しかし、世の中のことがすべて分析によって理解できるわけではありません。

ドラッカーは、物理的なものは分析によって理解することが可能だが、生物的なものの意味を理解するには知覚（Perception）が必要だと言います。[*5]

この"Percepiton"の動詞形の"Perceive"は、「理解する」とか「気づく」と訳さ

＊5 『新しい現実』P・F・ドラッカー著、上田惇生＋佐々木実智男訳（ダイヤモンド社）

れますが、日本語感覚で言えば「悟る」とか「看破する」といった意味合いのある言葉です。

生物的なものの意味は、部分に分解してもわかりません。全体を全体としてその本質を知覚（Perception）する必要があるのです。

例えば、本書の著者である私「國貞克則」という人間がどういう人間であるのか。私の体を分解しても私がどういう人間かはわかりません。体を分解してわかるのは、体の物理的な構造だけです。生きている人間としての私がどういう人間かは、発する言葉・行動パターン・醸し出す雰囲気などさまざまなものから、全体を全体としてその本質を知覚（Perception）する必要があるのです。

会計の数字は物理的なものです。すなわち全体が部分から成り、かつ部分の集合が全体になります。このような物理的なものは、分類して分析することにより細部の変化や違いを認識できるようになります。

ただ、管理会計においても、変化や違いからその原因を見極めるには、分析だけでなく、現場に出て、見て、聞いて、感じて、本質を知覚することも必要になるのです。

（3）未来に向かって手を打つ

会計をマネジメントに活用するということに関して説明しておきたいことの2つ目は、未来に向かって手を打つことが大切だということです。

私たちは英語を日本語に翻訳して使っています。英語とほぼ同じような意味の日本語に翻訳できている単語もあればそうでない単語もあります。日本では〝Management〟が「管理」と訳されてきました。管理と訳されたために〝Management〟のイメージが大きく変わってしまいました。

もちろん、〝Manage〟という言葉には〝Control〟的な意味合いもありますし、日々のマネジメントに管理は必要です。実際、私たちの日々の仕事の多くは計画と進捗《しんちょく》管理です。管理会計においても、売上高に合わせて費用をコントロールしていくといった管理的要素は必要です。

しかし、〝Manage〟の本来的な意味は管理することではありません。英英辞典で調べてみると、最初に出てくるのは"to succeed in doing something, especially something difficult"[*6]といった説明です。"Manage"はそもそも「どうにかうまくやっていく」といった意味合いの言葉です。

事業の"Management"は管理することだけではありません。特に人は、他人からの管理が強ければ強いほどやる気を失っていく生き物です。人を管理しても人は主体的に動いてくれません。事業の"Management"とは、人・物・金といった経営資源をどうにかうまく活かして、組織の目的・目標を達成していくことなのです。

管理会計も数字を使って管理するだけのものではありません。管理会計とは、会計を使ってどうにか利益をあげ続けていくためのものなのです。

財務会計は、企業の正しい事業実態を外部に知らしめるための会計です。つまり、過去の整理です。一方で、管理会計は未来のための会計です。どうにか利益をあげ続けていくためには未来に向かって手を打たなければなりません。未来に向かって何か手を打たないのであれば分析しても意味がありません。

しかし、私たちは未来を予測することはできません。予測できない未来に対してどのように手を打っていけばよいのでしょうか。この予測できない未来への対応に関しても、ドラッカーの考え方が参考になります。

＊6 『オックスフォード現代英英辞典』による。

ドラッカーのヒント

② 未来について知っていること

ドラッカーは、私たち人類は未来について次の2つのことしか知らないと言います。[＊7]

＊7 『創造する経営者』P・F・ドラッカー著、上田惇生訳（ダイヤモンド社）

1. 未来を知ることはできない。
2. 未来は、今日存在しているものや、今日予測しているものとは違う。

しかし、同時にドラッカーは、この2つの公理は次のような極めて重大な2つの意味を持つと言います。[*8]

1. 今日の行動の基礎に、未来に発生する事象の予測を据えても無駄である。せいぜい望みうることは、すでに発生してしまった事象の未来における影響を見通すことだけである。
2. 未来は今日とは違うものであり、かつ予測のできないものであるがゆえに、逆に予測せざることや予期せざることを起こさせることが可能である。

---

*8 『創造する経営者』P・F・ドラッカー著、上田惇生訳（ダイヤモンド社）

私は、ドラッカーが極めて重大な意味を持つという右の2つの内の1番目の文章を読んで、そもそも「予測」と「見通す」は何が違うのだろうかと思いました。しかし、原書に戻ってこの2つの単語を比較すると意味合いは全く異なるものでした。

「予測」は原書では"Prediction"で、「見通す」は"Anticipate"です。"Prediction"はPre（before）＋diction（declare）ですから「先に言う」、"Anticipate"はAnti（before）＋cipate（capture）ですから「先に取る」ということです。

つまり、未来のことを先に言うことはできないが、すでに起こっていることを先取りして手を打つことは可能だということなのです。

前述のA社の例でいえば、ある営業担当者が開発した効果的な販売方法は、その人が所属する営業拠点だけでなく他の営業拠点でも活用できるかもしれません。もしそうであれば、その販売方法を他の営業拠点の営業担当者にも横展開して、全社的に売上と利益を増やすことができるはずです。

また、ある顧客企業での製品の販売方針がある時点から変わったのはなぜなのか。その原因次第では、同じようなことが別の顧客企業でも起こるかもしれません。それが市場や顧客の大きな変化によるものであるなら、他の顧客企業でも同じようなことが起こるとして、生産数量や在庫数量を事前に適切にコントロールしていかなければなりません。

A社が一番時間をかけて慎重に検討していたのが、生産数量・販売数量・在庫数量の見通しでした。この会社の製品は製造までに3カ月のリードタイムが必要でした。つまり、製品ができあがる3カ月前に生産指示を出さなければなりませんでした。A社では3カ月先の販売数量を正確に見通さなければならなかったのです。その見通しが狂えば、欠品が出て販売機会を失うか、はたまた在庫が積み上がって経営を圧迫することになります。

もちろん、未来を予測することはできません。しかし、前述したように、すでに起こっていることを先取りして手を打つことはできます。管理会計は基本的に内部をコントロールするものですが、当然ながら企業の外部の情報も極めて重要になります。A社では「どこから入手してきたのだろうか」と思うような、競業企業や顧客企業の幅広くかつディープな情報を入手し、それに加えて個々の営業担当者の現場の声を拾い上げ、3

カ月先の販売数量を見通していました。

その検討資料は、製品毎、顧客企業毎、営業拠点毎に緻密さを極め、細かい数字がぎっしり詰まった厚みのあるものでした。膨大な数字を分解してその中から変化や違いを見つけ出すのは分析ですが、その変化や違いの原因を見極めていくには知覚も必要です。まさに、分析と知覚をフル動員して3カ月先を見通しているという感じでした。そして、その見通しの的中率は驚異的なものでした。

私たちは未来を予測することはできません。将来どんなことが起こるかはわかりません。しかし、すでに起こっていることを先取りして手を打つことはできます。このことが、管理会計においては極めて重要なのです。

28ページで、ドラッカーが極めて重大な意味を持つと言った2番目の「未来は今日とは違うものであり、かつ予測のできないものであるがゆえに、逆に予測せざることや予期せざることを起こさせることが可能である」ということについても少し触れておきます。

「予測せざることや予期せざることを起こさせる」ということを、ドラッカーの言葉を使ってビジネスの世界で具体的に言えば「未来において何かを起こすということは、新しい経済、新しい技術、新しい社会についての構想を事業の中で実現する」[*9]ということになります。

私たち人間は、予測せざることや予期せざることを起こすことができます。そして、ある構想を事業の中で実現させようとするときも、管理会計が役に立ちます。

事業が会計によって数値化されることのメリットは、実際に事業を行う前に、数字でのシミュレーションができることです。第3章で説明する「変動費」と「固定費」という考え方や第5章で説明する投資評価の考え方を使えば、構想を事業の中で実現させるための事前のシミュレーションが容易に行えるのです。

管理会計は未来のための会計です。未来に向かって手を打たないのであれば、会計の数字を整理しても意味はないのです。

＊9 『創造する経営者』P・F・ドラッカー著、上田惇生訳（ダイヤモンド社）

第2章　利益がどこにあるかを明確にする

（原価計算）

第1章では「売上と利益」というように売上と利益をセットにして話をしてきましたが、売上が増えれば利益は自動的に増えていくのでしょうか。

第1章で説明したA社で、ある製品の原価計算が間違っていて、実際にはその製品の製造に売値より多くの費用がかかっていたとしたらどうなるでしょう。A社ではその製品が売れれば売れるほど赤字が膨らんでいくことになります。

売上は必要です。しかし、大切なのは利益です。そういう意味で、次は利益がどこにあるかを明確にするための原価計算の話をしていきたいと思います。

この第2章は、財務3表でいえばPLに関する話です。特に、財務会計でいう5つの利益の中の第1番目の利益である売上総利益（粗利）のところまでの話が主体です。

売上総利益は、英語では"Gross Profit"と言いますが、この"Gross"は「差し引きする前の」という意味です。つまり、売上総利益（Gross Profit）は、販売費及び一般管理費などその他の費用を差し引きする前の、売上高から売上原価を差し引いただけの最初の利益という意味なのです。企業が利益をあげるうえでのおおもとになる利益ですから極めて重要なところです。

（1）原価計算の目的

会計の専門家ではない人が原価計算の本を読むと、「難しい」と感じる人が多いのではないかと思います。

原価計算の解説本の多くは、「原価とは何か」から始まり、「原価の費目別計算」→「部門別計算」→「製品別計算」という流れで説明が進んでいくのが一般的であり、それらの「計算」の関係性や原価計算の本質的な意味について丁寧に説明している本は少ないと感じます。それが原価計算を「難しい」と感じさせる一つの要因ではないかと思います。

そもそも原価計算は何のために必要なのでしょうか。原価計算は、売上高に対応させるべき費用（売上原価）をできるだけ正確に集計するためにあります。それはすなわち、売上高に対応する正しい利益を計算するためにあると言えます。

売上高に対応させるべき費用をできるだけ正確に集計するためには、売り上げた製品にかかった費用のみを集計する必要があります。売り上げた製品にかかった費用は、直接その製品にかかった費用（直接費）と、どれだけその製品にかかったかを正確に把握することはできないけれど、いくらかがかかったと考えることが合理的である費用（間接費）に分けられます。

例えば、木のイスを製造している家具メーカーがあったとします。あるイスを作るために直接使った木材の材料費は直接費です。このイスを作るのに機械装置を使っていたとすると、この機械装置に関わる費用のいくらかはこのイスを作るためにかかった費用と考えておく必要があります。この機械装置に関わる費用のどれだけがそのイスにかかったかを正確に把握することはできませんが、いくらかがかかったと考えることが合理的です。これが間接費です。

この原価の計算方法としてもさまざまなものがあるのですが、その基本的な方法を示しているのが1962年にできた「原価計算基準」です。古い基準ではありますが、いままでも原価計算の基礎であり、原価計算に関する書籍はどれもこの「原価計算基準」をベースに解説されています。また、どの会社でも通常はこの「原価計算基準」をもとに原価計算が行われているのです。

これから原価計算の方法について説明していきますが、原価計算は「売上高に対応させるべき費用（売上原価）をできるだけ正確に集計するためにある」ということを常に頭に置きながら読み進めてください。

（2）原価計算の全体像

原価計算の解説本の多くは、「原価とは何か」から始まり、「原価の費目別計算」→「部門別計算」→「製品別計算」という流れで説明が進んでいくのが一般的であると言いました。ただ、会計の専門家ではない人が原価計算を学ぶ場合は、「売り上げた製品にかかった費用のみをどう集計するか」ということを基本に、まず「原価の費目別計算」と「原価の製品別計算」を学び、それに「原価の部門別計算」という考え方を付け加えて、原価計算の全体像を理解するのがよいと思います。

「原価計算基準」では、費用を「材料費」「労務費」「経費」の3つに分けて考えます。

そして、それぞれが直接その製品にかかった費用（直接費）と、いくらかがかかったと考えることが合理的である費用（間接費）に分けます。

ですから、費用は「直接材料費」「直接労務費」「直接経費」と「間接材料費」「間接労務費」「間接経費」の6つに分けて集計されます。これが「費目別原価計算」です。

そして、最終的にはこれらの費用をどのように各製品の「売上原価」に紐付けていくかを考えていく必要があります。これがいわゆる「製品別原価計算」です。

製品に直接必要な材料や部品であればどの製品に紐付くかは明らかです。これが「直接材料費」です。直接材料費以外にも、例えばイスの製造に紙やすりや接着剤を使っていれば、これらは「間接材料費」になります。

労務費についてはどうでしょうか。製品の製造に直接携わっている作業員の賃金は「直接労務費」です。一方で、製造機械の保守作業など製品の製造に直接携わっていない作業員の賃金は「間接労務費」です。

材料費と労務費以外にも経費がかかります。これも「直接経費」と「間接経費」に分けられます。例えば、あるイスの製造工程で一部の加工を外注しなければならない場合があります。そのような外注加工費は製品に紐付けできますから「直接経費」になります。一方で、製造部門の通信費・交通費・交際費、水道光熱費、さらには不動産賃借料や減価償却費などは「間接経費」になります。

直接費はどれも直接製品に紐付けできますが、間接費は何らかの形で各製品に配分しなければなりません。これを会計用語で「配賦《はいふ》」と言います。

原価計算は売上原価をできるだけ正確に集計するためにあるのですから、配賦するにしても、売り上げた製品と関連を保っていると言える合理的な方法で配賦する必要があります。しかし、それぞれの間接費がある製品を製造するためにどれだけ使われたかを正確に測定する方法はありません。

そこで、例えば一つの方法として、各製品の製造にかかった時間の比率で配分するという方法がとられるのです。直接費は直接各製品の原価に紐付け、間接費は配賦という形で各製品の原価に紐付けていきます。これが「製品別原価計算」の具体的な方法論です。

以上が原価計算の基本的な考え方ですが、もう少し会社が大きくなると、製品の種類も多くなり、例えば直接製造に携わる部門が2つで、生産管理を行う1つの部門が直接製造に携わる2つの製造部門を共通して管理している場合などはどうすべきでしょうか。

この場合、生産管理に携わっている部門で働く人の給料は、どのように製品に配賦すればよいのかという問題が出てきます。彼らの給料も製品の製造に間接的に必要な費用であるため、最終的には各製品に配賦されなければなりません。

ここでも、製造時間を使って配賦するということが一つの方法として考えられます。その前提として生産管理部門にかかった費用を集計する必要があります。これが「部門別原価計算」です。

ただ、生産管理部門の費用を製品に配賦するだけなら、「部門別原価計算」などと難しいことを言わなくても、「間接費」と考えればよいのではないかという疑問が生じます。なぜ「部門別原価計算」などと難しい概念を持ち出す必要があるのでしょうか。

例えば、生産管理部門の中に生産計画部門と設備管理部門があり、これら2つの部門にシステムサービスを提供している1つのシステム部門があったとします。この場合、原価計算をより精緻に行おうとすると、システム部門がこの2つの部門にサービスを提供していることを計算上も反映させる必要があります。

つまり、システム部門の費用をこの2つの部門に配賦してから、これら2つの部門の費用を製品に配賦するという2段階の配賦を考える必要があるのです。これが「部門別原価計算」なのです。

そして、直接費は直接各製品の原価に紐付けられ、間接費は部門別原価計算で集計された費用も含めて「製造間接費」というグループ費目に集約され、何らかの配賦基準に従って各製品の原価に紐付けられるのです。

以上が原価計算の全体像です。結局、原価計算とは、製造に直接・間接に関わった費用をいかに製品に紐付け、売上原価をできるだけ合理的に計算するかという目的に沿った計算作業なのです。このことを常に意識していれば、原価計算の議論を見失うことはないと思います。

これまで説明してきた内容を次のページの**図表2－1**にまとめて図解しておきます。図の中央にあるシステム部門の費用は何らかの基準で生産計画部門と設備管理部門に配賦されます。これら2つの部門の費用も何らかの基準で製造部門Aと製造部門Xに配賦されます。製造部門Aと製造部門Xは別の場所にあり、基本的には独立して運営されて

図表 2-1　**原価計算の全体像**

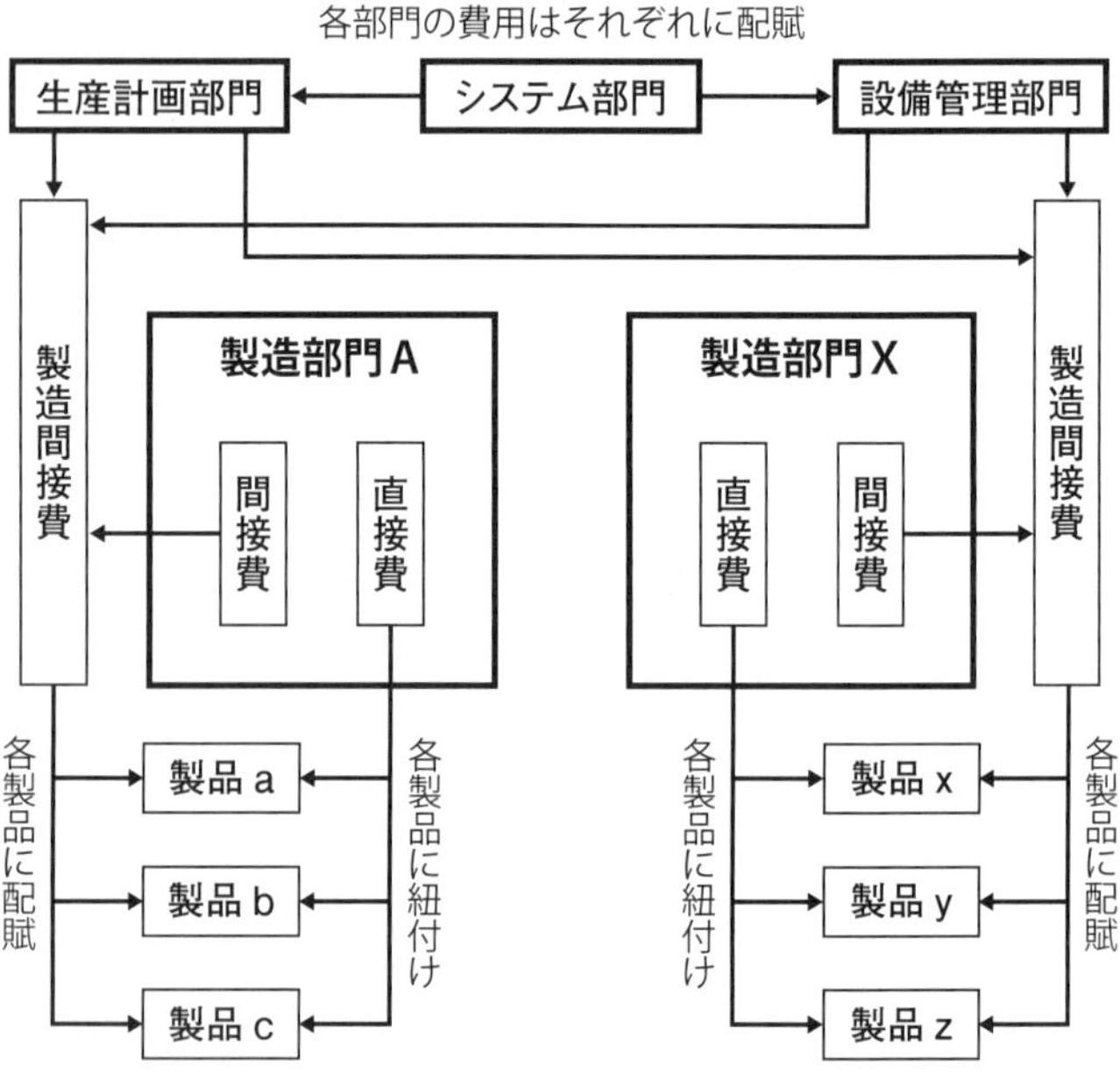

いると考えてください。

生産計画部門と設備管理部門からそれぞれ配賦された間接費と、製造部門Aの間接費はまとめられて「製造間接費」に集約され、それが何らかの配賦基準で各製品に配賦されます。もちろん、製造部門Aの直接費はそれぞれの製品a、製品b、製品cに紐付けられます。

製造部門Xに関しても計算の仕組みは同じです。このようにして各製品の原価が計算されていくのです。

このようにして各製品に集計された原価のうち、完成したものは製品として扱われ、未完成のものは仕掛品として扱われます。

そして、完成した製品のうち、売り上げられた製品の原価がPLに売上原価として計上され、在庫として残った製品の原価はBSに在庫の製品として計上されるのです。当然ながら、仕掛品の原価もBSに在庫の仕掛品として計上されます。

実際に原価計算を行ううえでは、直接材料費の計算一つとっても簡単ではありません。例えば、材料は常に同じ値段で購入されているわけではありませんので、ある製品にかかった直接材料費を計算するだけでも、どれくらいの材料がいくらの値段でいつ購入されたかなど、いろいろなことを考えなければなりません。労務費や経費もまたしかりです。

本書では原価計算の細かい部分の説明には入っていきませんが、読者のみなさんには「会計分野の人たちは原価の計算に大変な時間と労力を費やしている」ということだけは認識しておいていただきたいと思います。

(3) 個別原価計算と総合原価計算

原価計算の全体像と基本的な考え方は以上のとおりですが、原価計算は生産形態によって大きく2つの種類に分けられます。それは、受注生産形態に適している「個別原価計算」と、大量生産形態に適している「総合原価計算」です。

まず受注生産形態に適している「個別原価計算」から説明していきます。受注生産形態とは、製品を1品ずつ受注して生産する形態のことです。イスの生産においては、高級なイスを1品ずつオーダーメードで受注して生産するような形態です。大きな企業においても、造船業や建設業などは基本的に受注生産形態です。

図表2-2　個別原価計算のイメージ

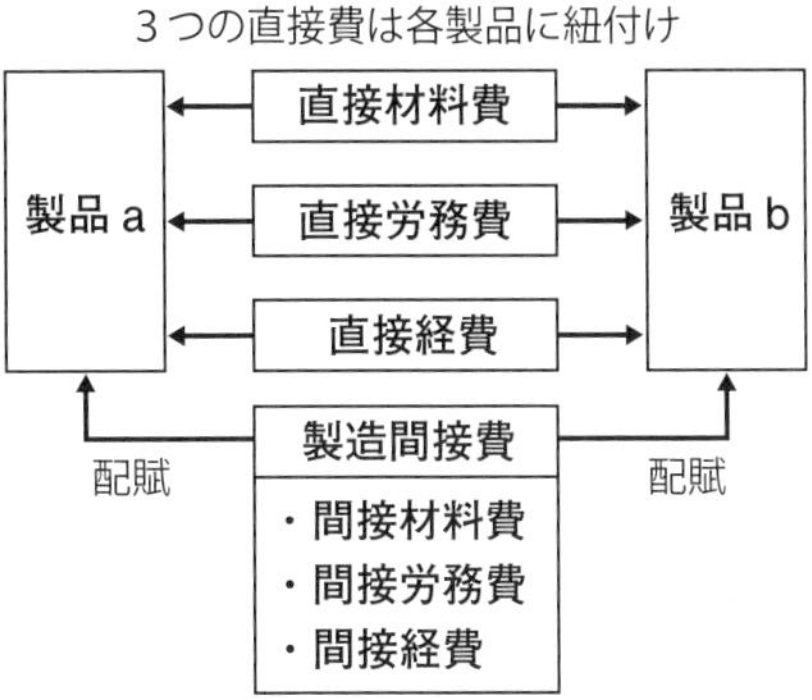

受注生産形態に適した「個別原価計算」は、これまで説明してきた原価計算の方法論のように、原価を「直接材料費」「直接労務費」「直接経費」の3つに分類し、「間接材料費」「間接労務費」「間接経費」の3つの間接費を「製造間接費」として集計します（図表2－2）。

そして、「直接材料費」「直接労務費」「直接経費」の3つは直接各製品に紐付け、「製造間接費」は製造時間などを基準にして各製品に配賦して、各製品の原価を計算していきます。

次は大量生産形態に適している「総合原価計算」です。イスの生産においては、標準品のイスを大量に連続して生産するような形態です。

大きな企業においても、鉄鋼業や自動車産業などは基本的に大量生産形態です。

大量生産形態に適している「総合原価計算」も、原価計算の基本的な考え方は同じです。ただ、「総合原価計算」は、「個別原価計算」のように「直接材料費」「直接労務費」「直接経費」「製造間接費」という4つの区分で計算するのではなく、一般的には「直接材料費」と「加工費」という2つの区分で計算します。

「大量生産形態に適している総合原価計算」という言い方をしてきましたが、「総合原価計算」の本質は、原材料を含めた原価を個々の製品に紐付けて管理していない、もしくはしようとしてもそれができない生産形態で利用され、紐付けの代替として最も合理的と考えられる方法で按分《あんぶん》計算される原価計算であるということです。

例えば、プラスチックなどの石油化学製品の製造を考えてみましょう。製造に使用される原材料が貯蔵タンクからパイプを通って製造工程に供給されるとすると、製造工程に流れてきた原材料がいついくらで仕入れたものであるかを把握することはできません。全体の原材料の費用を、何らかの方法で製品に按分するしかありません。

プラスチックなどの石油化学製品について、仮に原材料（直接材料費）が製造工程の最初の工程で投入されたとしても、その「加工費（直接労務費・直接経費・製造間接費）」については、製品の加工の進捗に応じて投入されると考えるのが典型的な考え方です。ですので、「加工費」については、方法は同じでも進捗度を加味して按分しなければなりません（**図表2－3**）。

図表2-3　総合原価計算のイメージ

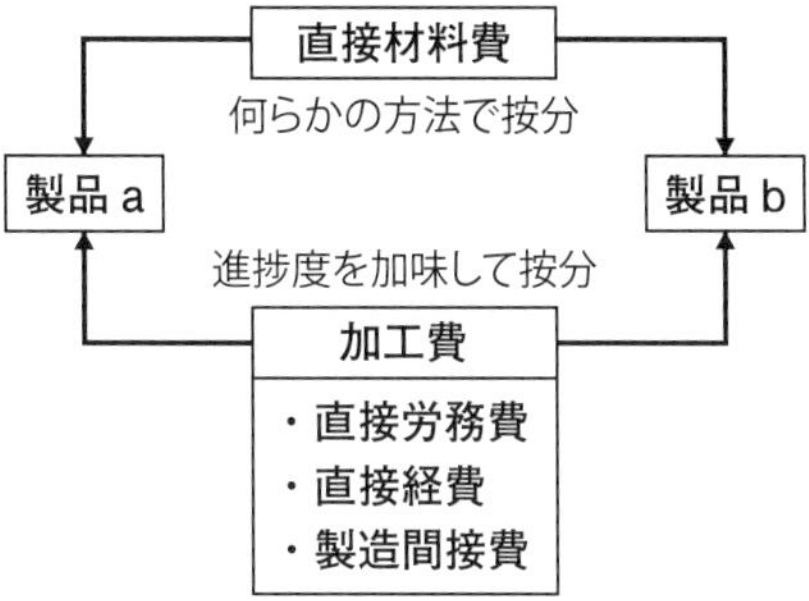

もちろん、「加工費」を「直接労務費」「直接経費」「製造間接費」の3つにばらして計算してもいいのですが、標準品の大量生産ですから、「加工費」1本にまとめて計算しても大差はありません。大差がないのならシンプルにやっていきましょうということなのです。

以上が「総合原価計算」の基本コンセプトであり、「総合原価計算」では「直接材料費」と「加工費」という2つの区分で原価が計算されるという理由なのです。

③ ABC会計

ドラッカーは財務会計について、「世界で最初のマネジメント・サイエンティストは、ルネサンス期に複式簿記を発明したイタリア人である。そのシンプルさ、洗練度、使途において、複式簿記なるマネジメント・サイエンスに勝るツールは、その後現れていない。複式簿記とその亜流は、今日世界中の組織が日常的に使っている唯一の体系的な分析ツールである」[*10]と断言し、複式簿記会計を高く評価しています。

そして、ドラッカーの管理会計分野における功績は、後に「ABC会計」として発展する事業診断の手法を『創造する経営者』（ダイヤモンド社）の中で提唱したことです。今から約60年前のことです。

ドラッカーは次のように述べています。「今日、総コストの極めて多くの部分が直接費ではない。（中略）特定の製品のコストを知るには、コストのうち膨大な部分が比例配分によって決定されるような数字は役に立たない。（中略）明確な焦点のない事業のコストは、作業量による配分が最も現実に近い唯一の計算となる」[*11]

ＡＢＣ会計とは“Activity Based Costing”、日本語では「活動基準原価計算」と呼ばれているもので、間接費を各活動に応じて集計して、各製品に配分していく会計手法のことです。

今から１００年前の産業では、例えば自動車はＴ型フォードといわれる１車種が大量に生産されるような時代でした。そのような時代は間接費の配賦もシンプルなもので問題なかったでしょう。

しかし、現代は多品種少量生産が当たり前になり、製造工程での組み替えも頻繁になりました。さらに、生産活動以外の活動がどんどん増えてきました。新しい機械装置の頻繁な導入とそれに伴う教育研修、複雑化した生産に関するシステム対応などです。

これらの膨大な間接費を、各製品の製造時間といった一つの配賦基準で配分するのではなく、各活動に応じて集計して、各製品に適切に配分していくのがＡＢＣ会計な

＊10 『マネジメント　課題、責任、実践』Ｐ・Ｆ・ドラッカー著、上田惇生訳（ダイヤモンド社）
＊11 『創造する経営者』Ｐ・Ｆ・ドラッカー著、上田惇生訳（ダイヤモンド社）

のです。

確かに、ＡＢＣ会計の方がより正確に原価を計算できそうです。しかし、ＡＢＣ会計には課題があります。それは、ＡＢＣ会計の導入と運営には膨大な労力がかかるという点です。そのため、期待されていたほどには導入が拡がっていないというのがＡＢＣ会計の現実でもあるのです。

(4) 標準原価計算について

これまで説明してきた原価計算のことを「実際原価計算」と言います。実際にかかった費用を「直接材料費」「直接労務費」「直接経費」「製造間接費」に分類して集計して原価を計算していくというものです。

「実際原価計算」は、より正確に原価を計算できますが、時間も手間もかかります。そこで現れたのが「標準原価計算」です。

「標準原価計算」は、事前に各製品の1単位あたりの「標準原価」を決めておくというものです。各製品の1単位あたりの「標準直接材料費」「標準直接労務費」「標準直接経費」「標準製造間接費」を決めておき、それに生産量を掛ければ簡単に原価が計算できます。

「標準原価」はさまざまなデータをベースに慎重に設定されます。もちろん、当初に予想していなかった大きな変化が起これば、標準原価の改訂ということも発生します。ただ、通常は1単位あたりの標準原価が実際の原価と大きく乖離《かいり》することは理論上ありません。この慎重に検討された標準原価が、目標とすべき望ましいコストということになります。

月次決算を採用している会社では1カ月単位で原価計算を行いますが、この標準原価を採用することで、1カ月毎に目標とする数値と実際の数値の差異を分析することができます。ですから、この標準原価を採用する方法は、次の第3章で説明する予算と実績を対比しながら事業をマネジメントしていく予実管理とも相性がいいのです。

さらに、財務会計の分野においても、この標準原価を使った売上原価の表記が認められています。ＰＬの売上原価は、実際原価計算のように一つひとつの製品の原価を積み上げて計算する必要はなく、標準原価を使って売上原価を表記したうえで、標準原価と実際の原価との差を原価差異として調整すれば、実際原価計算で計算した売上原価に近似した売上原価が表記できるのです。

ここまでの説明で疑問が出てきた方がおられるのではないでしょうか。私が標準原価計算の勉強をしていて混乱したのは、標準原価計算における「実際の原価」という言葉でした。「標準原価計算は、標準原価に数量を掛けて売上原価を計算できるので実際原価計算のように手間がかからない」ということはわかります。しかし、標準原価計算における、1カ月毎の「目標とする数値と実際の数値の差異」とは何なのか。標準原価計算において1カ月毎に確認する「実際の原価」とはどういうもので、それは実際原価計算による原価と何が違うのかがよくわかりませんでした。

このことについて簡単な事例を使って説明しておきたいと思います。当期50ｇの材料

図表2-4　実際の原価

	単価(円/g)	数量(g)	金額(円)
材料①の材料費	100	10	1,000
材料②の材料費	120	40	4,800
合計		50	5,800

が投入され、同じ製品である製品a－1と製品a－2が製造されたと考えてください。期首・期末共に在庫はないという前提です。

実際の材料の仕入は、材料①が単価100円／gで10g、材料②が単価120円／gで40gだったとします。そうすると、当期の「実際の原価」は**図表2－4**の合計のところに示されている5800円になります。

次に、実際には製品a－1の製造に全材料50gのうち24gが投入され、製品a－2の製造に全材料50gのうち26gが投入されたと考えてください（同じ製品を製造するのに材料の投入量が異なることなどありえないと思われるかもしれませんが、この事例はただ単に原価計算の説明のためのものであり、製品の重量自体は問題とされず、特定の形状のものができていれば顧客の要求は満たされると考えてください）。

実際原価計算における単価の計算に総平均法（材料費全額5800円を全重量50gで割る）を採用したとすると、平均単価は116円

図表2-5　実際原価計算

	単価(円/g)	数量(g)	金額(円)
製品a-1の実際原価	116	24	2,784
製品a-2の実際原価	116	26	3,016
合計		50	5,800

／g（＝5800円÷50g）になります。そうすると、実際原価計算による製品a－1と製品a－2の実際原価は**図表2－5**のようになります。

次は、標準原価計算における原価を見てみましょう。今回の例では期首に、標準原価として製品1単位あたり単価110円／gの材料が25g投入されると設定されていたとしましょう。

そうすると、**図表2－6**に示すように製品a－1と製品a－2の標準原価は共に2750円になり、標準原価の合計は5500円になります。実際の原価は53ページの図表2－4に示す5800円ですから、その差の300円（＝5800円－5500円）が原価差異になるというわけです。

標準原価計算において「実際の原価」という場合は、図表2－4に示す5800円を指すのが一般的です。今回の例では、図表2－6で標準原価も製品a－1と製品a－2に分けて表記しましたが、

図表2-6　**標準原価計算**

	単価(円/g)	数量(g)	金額(円)
製品a-1の標準原価	110	25	2,750
製品a-2の標準原価	110	25	2,750
合計		50	5,500
原価差異			300

実際の標準原価計算では、どの製品も期首に設定された標準原価で計算されますので、製品毎の実際原価は計算されません。

つまり、標準原価計算では、実際原価計算のように製品毎（製品a－1、製品a－2）の実際原価はわからない（計算されない）のが前提であり、「標準原価で計算された原価＋原価差異」という塊がわかるだけというのが実際原価計算との違いなのです。

ちなみに、標準原価は、製品1単位あたりの価格（単価）と数量共に標準を使用しているものであり、単価のみが標準（その場合は「予定価格」と呼びますが）の場合は「実際原価計算」に分類されるのが通常です。

例えば、単価は110円／gを使用するけれども、数量は24gと26gを使用した場合は実際原価計算になります。

その場合もやはり原価差異が出ますが、それは実際原価計算における原価差異であり、次に説明する標準原価計算における原価差異と同様に処理されます。

（5）原価差異の会計処理について

では、その原価差異の処理方法について説明します。標準原価と実際の原価との差である原価差異は、基本的にPLの売上原価のところに付加されています。比較的多額の原価差異が生じた場合にのみ、売上原価と期末の棚卸資産に配賦するとされています。また、原価差異が異常な状態に基づくものであれば、そのうち一定のものについては営業外費用や特別損失として計上される場合もあります。

原価差異のPLへの反映としては**図表2－7**のようになります。この例は標準原価より実際の原価の方が10万円多い場合です。この場合、標準原価で計算した標準売上原価の100万円にさらに原価差異10万円が加わって、売上原価は110万円になり、その結果売上総利益は40万円（＝売上高150万円－売上原価110万円）になるということです。もちろん、標準原価より実際の原価の方が少なければ、原価差異はマイナスになります。

　このような説明を受けたときに会計の専門家ではない人が悩むのは、「PLとBSはつながっているのだから、この例のように原価差異が10万円計上されて利益が10万円下がるとBSの方はどこが変化するのだろうか」ということではないかと思います。

　月次決算を採用している会社では1カ月単位で原価計算を行いますが、実は期の途中においては、標準原価と実際の原価の差異は、例えば毎月「売上原価調整勘定」という仮勘定をPLに設け、そこに「原価差異」として溜めていかれるのです。

　PLとBSの数字の中で、PLの「標準売上原価」のところ以外はすべて実際の数字が入っています。売上原価だけが標準原価が使われていて、それが実際の原価と一致していない場合、PLとBSの数字はどこかで整合性がとれなくなってしまいます。その標準原価と実際の原価の差が、毎月「原価差異」として「売上原価調整勘定」という仮勘定に計上さ

図表2-7
原価差異のPLへの反映

（単位：万円）

売上高	150
売上原価	
標準売上原価	100
原価差異	10
売上総利益	40

れているわけです。

ですから、財務会計の数字でいえば、期末に突然「原価差異」という数字がＰＬに付加されるということではなく、毎月「原価差異」として「売上原価調整勘定」に計上されていたものが、最終的にＰＬの売上原価のところに「原価差異」として表記されるのです。

ただ、実際にこの原価差異がどのように処理されているかは、会社によって千差万別だと思われます。前述の「売上原価調整勘定」という仮勘定を設けるという方法は一つの例に過ぎません。

ここは会計の実務を行っていない私たちにとってはわかりづらいところです。しかし、処理の方法がどのようなものであっても、最終的に外部に開示される財務諸表にこの原価差異が正しく反映されていれば問題ないということなのです。

これまで原価計算の方法について説明してきましたが、このような製品毎の緻密な原価計算があって初めて、適正な販売価格の設定が可能になるのです。そういう意味では、原価計算なくして事業のマネジメントなどできるはずがないのです。

（6）販売費及び一般管理費の配賦について

第2章ではこれまで原価計算について説明してきました。原価計算を管理会計の一部として取り扱っている本もあれば、別のものとして取り扱っている本もあります。ただ、原価計算は財務会計にもつながるもので明確なルールがあります。

一方で、純粋な管理会計は組織内部のマネジメントのための会計であるため、どんなやり方をしても自由であり、明確なルールがあるわけではありません。

ここからの内容は原価計算とは別の、純粋な管理会計に属する分野についての話です。ただ、第2章のタイトルである「利益がどこにあるかを明確にする」という観点から、販売費及び一般管理費の配賦ということについても、この第2章で少し説明しておきたいと思います。

第1章で触れたA社の例で、「A社が販売する電子機器は、現地での取り付けが必要な製品で、A社が製品を直接最終顧客に販売するのではなく、最終販売店に製品を販売するというB to Bのビジネスを行っていました」と言いました。

このビジネスの販売形態としては、エアコンの製造会社の販売をイメージしていただくのがよいかと思います。エアコンの製造会社はエアコンを直接最終顧客に販売しているわけではありません。エアコンの販売と同じように、A社の顧客企業としては、大手家電量販店のような全国組織を持つ会社と、全国に散らばる地場の小さな工務店のような会社がありました。

A社はこの2つの流通形態に対して、同じ製品を販売していました。販売価格が同じであれば製品毎の利益は同じということになります。つまり、この2つの流通形態に対して同じ数量の製品を同じ価格で販売していれば、A社のこの2つの流通形態別のPLにおける売上総利益（粗利）は同じということです。

ただし、この2つの流通形態に対してのA社の営業担当者の時間のかけ方にはかなりの違いがありました。

大手量販店のような大組織への販売活動は、両社の本部同士の取り組みが基本になります。販売価格の交渉、納期情報の連絡、製品の取り付けに関する質疑応答など、販売活動のほとんどが基本的に両社の本部同士で行われ、全国に展開する大手量販店のそれぞれの店舗への連絡は基本的には大手量販店の本部から行われるという形です。

一方で、地場の小さな工務店のような会社には、Ａ社の各地域の営業担当者が個別に販売活動を行います。販売価格の交渉、納期情報の連絡、製品の取り付けに関する質疑応答などの販売活動が、小さな会社毎に個々の営業担当者を通して個別に行われるという形です。

Ａ社のＰＬの販売費及び一般管理費でいえば、営業担当者の多くの時間が地場の小さな工務店のような会社に対する活動に費やされていることになります。つまり、この２つの流通形態に対して同じ数量の製品を同じ価格で販売していれば、この２つの流通形態別のＰＬにおける営業利益は、地場の小さな工務店のような流通形態向けの方が少なくなるのです。

Ａ社ではその後、流通形態毎の販売価格の見直しを行いました。その計算のベースになったのは各営業担当者の活動分析です。どの営業担当者がどの流通にどれだけの時間をかけているのかを詳細に分析しました。これも48ページの〈ドラッカーのヒント３〉

で説明したABC会計の一部ということになるでしょう。

もう一つ、私の別の顧問先（以降、B社と呼ぶことにします）の例を紹介しておきます。B社はビルのメンテナンス会社でした。正社員が約100名で、その他にパート・アルバイトが50名ほどいました。事業としては、設備工事・電気工事・情報システム・清掃の4つの分野があり、パート・アルバイト50名のほとんどは清掃事業に従事していました。

B社のPLの販売費及び一般管理費は売上高の10％くらいあり、それを4つの事業分野の売上高比率で各事業分野に配賦して、各事業分野の営業利益を計算していました。清掃部門は、4つの事業分野の中では比較的売上高が多い方で、売上総利益（粗利）ベースでは黒字なのですが、販売費及び一般管理費を各部門に配賦した後の営業利益ベースではずっと赤字が続いており、清掃事業を今後どうしていくかがいつも経営課題になっていました。

B社は自社所有の本社ビルと設備倉庫を持っていました。販売費及び一般管理費の中身を子細に見てみると、その費用は役員報酬・本社部門（総務・経理）の従業員の給与、本社ビル及び設備倉庫の減価償却費、水道光熱費などが大きな比率を占めていました。

清掃事業のビジネス形態は他の事業分野とは異なっていました。清掃事業に従事する正社員の人数は少なく、ほとんどがパート・アルバイトの人たちでした。そして、彼らは清掃現場に直行直帰で仕事をしており、本社ビルに立ち寄ることはほとんどありませんでした。つまり、清掃部門は、本社ビルも設備倉庫もほとんど使っていなかったのです。

そこで、約30項目に及ぶ販売費及び一般管理費の費目を、それぞれの費目の特徴を考慮して、費目毎に各事業部門の売上高比、正社員人数比、全人数比、本社ビル及び設備倉庫の使用面積比などで配賦し直しました。例えば、本社部門（総務・経理）の従業員の給与は全人数比、水道光熱費は正社員人数比、減価償却費は本社ビル及び設備倉庫の使用面積比を使って、各事業分野に配賦するといった具合です。

そうすると、清掃部門の営業利益は黒字になりました。このことにより清掃部門はお荷物部門ではなくなり、積極的に受注活動を展開するようになりました。

このように、会計数字を細かく分類して分析すると、いままで見えていなかった事業の本質が見えてきますし、経営の方向性も変わってくるのです。

さらに良いことは、このように会計数字を分類・分析して従業員と話をすると真剣な議論になるということです。管理会計においては、販売費及び一般管理費を費目毎にどのように配賦すればよいかといったことについての決まりなどありません。組織を効果的にマネジメントできるように自由に決めればいいのです。ただ、このような議論をすることで、従業員の利益に対する意識は確実に高まっていきます。

ここまで話が進んでくると、営業利益がマイナスの場合や売上総利益がマイナスの場合に、注文を受けるかどうかの判断基準にまで考えが及んでいる人が出てきているのではないかと思います。そうなのです。ただ単に「営業利益や売上総利益がマイナスだから受注すべきではない」といった単純な話ではないのです。

このことの検討には変動費・固定費という考え方が必要になってくるのですが、そのことについては次の第3章で詳しく説明します。

この第2章（6）の話は販売費及び一般管理費に関する内容でした。財務3表でいえば、原価計算は粗利までの話でしたが、ここで営業利益にまで範囲が拡がりました。

さらに、部門別のBSを作って、部門毎の借金や預金の額が明確にできれば、支払利息や受取利息も部門毎に管理できるようになります。

社内に新規事業の立ち上げを担う部門があったとしましょう。新規事業は立ち上げまでにかなりの費用がかかりますし、立ち上げ直後の売上はあまり期待できませんから、そういう部門では借金が比較的多くなるのが一般的です。そこまでいけば、事業の特性を踏まえた経常利益までの管理が可能になります。

さらに、特別利益や特別損失、法人税までも部門毎に配賦できれば、これはもう、一つの部門をあたかも一つの会社に見立てて、それぞれの部門の業績を管理できるようになるのです。

第3章　予算を使って事業をマネジメントする（予実管理）

（1）目標達成へ向けてのエネルギー動員とフィードバック

第2章では「利益がどこにあるかを明確にする」ということで原価計算の説明をしました。財務3表でいえばPL、それも売上総利益（粗利）までのところが主体でした。この第3章では、「予算を使って事業をマネジメントする」という「予実管理」について説明します。この予実管理こそが管理会計における事業のマネジメントの中核になるものです。財務3表でいえばPLからBSにまで拡がっていきます。ただ、重点が置かれるのはPLです。

予実管理とは予算と実績の管理ということです。しかし、本当に行わなければならないことは予算と実績の管理ではなく、予算と実績を使って事業をマネジメントすることです。

予算とは数値目標です。そして、どうにかしてうまく何かを達成していくという意味でのマネジメントにおいては、目標の設定並びにその目標を達成するための資源とエネルギーの動員、そして予算と実績の差をフィードバックし軌道修正していくということが基本になります。

マネジメントにおいての目標や予算の本質的な意味についても、ドラッカーの考え方が参考になります。

ドラッカーのヒント

4

目標や予算の重要性について

ドラッカー経営学の一つの特徴は、社会を生き物として見ているということです。生き物は変化します。生き物は複雑系です。予期しないできごとが突然起こります。ドラッカーは、この変化する複雑系の社会だからこそ目標が必要なのだと言います。

ドラッカーは、目標とは企業がコントロールできない外部要因をどう見ているかの表れだと言います。つまり、外の世界は常に変化しますが、もし大きな変化がなければこれくらいのレベルは達成できると期待している、もしくは推測しているのが目標だと言うのです。

ドラッカーはこのことを航空機のフライトプランと実際の運航を例にとって次のように説明しています。「航空機にはフライトプランという目標があります。それは、外部に大きな変化要因がなければ、目的地にこれくらいの時間で到着するという目標です。ただ、例えば乱気流が発生したなどの外部要因の大きな変化があれば、航路を変更したり場合によっては目的地自体を変更したりします。しかしながら、フライトプラン無しでの運航などありえないのです[*12]」

ドラッカーは目標について次のように言います。「目標は絶対のものではない。方向づけである。（中略）未来をつくるために、資源とエネルギーを動員するためのものである[*13]」

また、予算については次のように言います。「予算が組織を方向づける。（中略）予算によって、資源を成果に向けて配賦することができる。収支をバランスさせることができる。手遅れになる前に打つべき手を打つことができる[*14]」

＊12『マネジメント　課題、責任、実践』P・F・ドラッカー著、上田惇生訳（ダイヤモンド社）の第8章にあるフライトプランに関する内容を著者が要約。
＊13『マネジメント　課題、責任、実践』P・F・ドラッカー著、上田惇生訳（ダイヤモンド社）
＊14『経営の真髄』P・F・ドラッカー著、ジョゼフ・A・マチャレロ編、上田惇生訳（ダイヤモンド社）

人が集まる組織において、目標や予算がなければ人はどこに向かって走っていけばよいのかわかりません。明確な目標や予算があるからこそ資源とエネルギーを動員できるのです。

また、世の中は常に変化します。しかし、明確な目標や予算があるからこそ、変化に気づき手遅れになる前に手を打つことができるのです。

(2) 予算はどのように作ればよいか

では、予算はどのように作ればよいのでしょうか。予算策定の方法を説明する前に、まず予算とは何かを明確にしておきましょう。第2章で触れた「原価計算基準」の中では、予算は次のように定義されています。

「予算とは、予算期間における企業の各業務分野の具体的な計画を貨幣的に表示し、これを総合編成したものをいい、予算期間における企業の利益目標を指示し、各業務分野の諸活動を調整し、企業全般にわたる総合的管理の要具となるものである」

この定義は次の3つの大切なポイントをついていると思います。ただ、この中に出てくる「管理」という言葉は「マネジメント」と理解しておいた方がよいでしょう。

1. 企業の各分野の具体的な計画であること
2. これを総合的（全社的）にまとめたものであること
3. 利益目標を示し、企業全体の管理（マネジメント）に使用されるものであること

このように、企業にとって大切な予算は、各分野の具体的な計画でありかつ全社的に整合性のとれたものでなければなりません。そうでなければ企業全体の成果にはつながっていきません。

では、予算策定は何から始めればよいのでしょうか。ドラッカーは「予算の編成は、期待する成果を明らかにするところからスタートする」[*15]と言います。

予算策定は「期待できる売上高」を明らかにするところから始まります。つまり、「大きな変化がなければこれくらいの売上高は期待できる」というところから予算策定

＊15 『経営の真髄』P・F・ドラッカー著、ジョゼフ・A・マチャレロ編、上田惇生訳（ダイヤモンド社）

は始まります。言葉を換えて言えば、「確定した制約要因のもとで、期待できる売上高はいくらか」という問いから予算策定はスタートするのです。

製造会社であれば、生産能力が最大の制約要因になるかもしれません。営業担当者の数と質が制約要因になる会社もあるでしょう。はたまた、市場規模と市場シェアが制約要因になる会社もあるでしょう。

市場シェアの制約といったものは見極めが難しいものです。競合他社の動きにも影響を受けますし、自社の新製品も影響を及ぼすでしょう。確実に競争優位性がある新製品を市場に投入できるのなら、かなり強気の市場シェアが見込めるかもしれません。

しかし、何事にも確実なものはなく、予算にはある情報に基づいた推測という期待が込められるのは致し方ありません。ただ、何の根拠も理由もないあてずっぽうの予測ではなく、現実に基づいた制約要因を考えることから予算策定が始まります。

確定した制約要因のもとで期待できる売上高はいくらかがわかれば、その後のステップは次のようにかなり論理的に進めることができます。*16

①確定した制約要因のもとで期待できる売上高はいくらか?
←②計画した売上高のもとではどんな費用がいくら必要になるか?
←③計画した売上高と費用から利益はいくらになるか?
←④計画した売上高にはどんな流動資産（在庫など）がいくら必要になるか?
←⑤計画した売上高にはどんな固定資産がいくら必要になるか?
←⑥計画した資産を調達するにはいくら資金が必要か?

＊16　予算策定のステップについては、『財務マネジメントの基本と原則』デイビッド・メッキン著、國貞克則訳（東洋経済新報社）の内容を参考にしました。

このステップを見ておわかりのとおり、予算のステップはPLからBSに移っていきます。売上に必要な投資をいかに行うか、その投資に必要な資金調達をどう行うか。つまり、お金を集める→投資する→利益をあげるという事業の全プロセスに対して予算策定を行うのです。

簡単な例で、もう少し具体的に予算策定のプロセスを説明しておきましょう。予算策定は「期待できる売上高」からスタートしますから、まず営業部門が販売計画を作って経営企画部門および購買部門に提出します。購買部門は営業部門の販売計画に基づいて適正在庫を考慮した仕入計画を立てます。人事部門は新規採用や退職者の予想を踏まえて労務費予算を立て、生産部門は生産計画と投資計画を立て、資金部門は資金調達計画を立て、さらにそれぞれの部門はそれぞれに経費計画を立て、それらの計画を経営企画部門に提出します。そして、経営企画部門がそれらを全社予算としてとりまとめるといった具合です。

最終的にはPL、BS、CS予算が策定されるのですが、本書の読者はすでに『新版財務3表一体理解法』を読んでいるという前提で書いていますので、PL、BS、CSの表の掲載は割愛します。具体的な数値を使った予算策定プロセスまで勉強したい方は、拙著『できる人になるための「財務3表」』（中央経済社）をご参照ください。

（3）「変動費」と「固定費」という考え方

予算策定のプロセスを簡単に説明しました。プロセスの流れだけを示せば簡単ですが、現実の予算策定の作業には膨大な時間と手間がかかります。さらに、現場の意見を積み上げただけでは満足のいく予算にならないのが普通です。社長から目標数字の変更が指示されることもあるでしょう。条件を変えて、いろいろなケースを検討しておく必要が出てきます。

これらの変更や修正のために、膨大な時間と手間がかかる予算策定のプロセスを何度も繰り返すのは大変であり、かつ経済的ではありません。ここで会計が貨幣価値で数値化されていることの威力が発揮されます。つまり、数学モデルを使ってシミュレーションすることができるのです。ただし、数学モデルを使おうとすれば、ものごとをシンプルにしておかなければなりません。

利益は収益から費用を差し引いて計算します。財務会計の世界では、「費用」には5つの種類がありました。この5つの種類の費用もその中身は多岐にわたっています。

管理会計の世界では、このさまざまな種類の費用を「変動費」と「固定費」という2つに分けて考えます。「変動費」とは操業度の増減に応じて比例的に増減する費用です。小売業を前提にすれば、売上の増減に比例して変化する費用が「変動費」です。例えば、小売業における売上原価は売上の増減に比例して変化しますから「変動費」です。

一方、「固定費」は売上の増減には関係なく、一定額発生するものです。事務所の賃貸料などは売上には関係なく一定ですから「固定費」です。

ただ、現実的には多くの費用は完全に変動、完全に固定とはならない場合が多く、費用を変動費と固定費に正確に分解することは簡単ではありません。変動費と固定費に分解する方法としては、費目別精査法や最小二乗法などいくつかの方法があります。

費目別精査法とは、費目別に変動費か固定費かを決め打ちするというやり方です。例

図表3-1
最小二乗法による変動費と固定費の計算方法

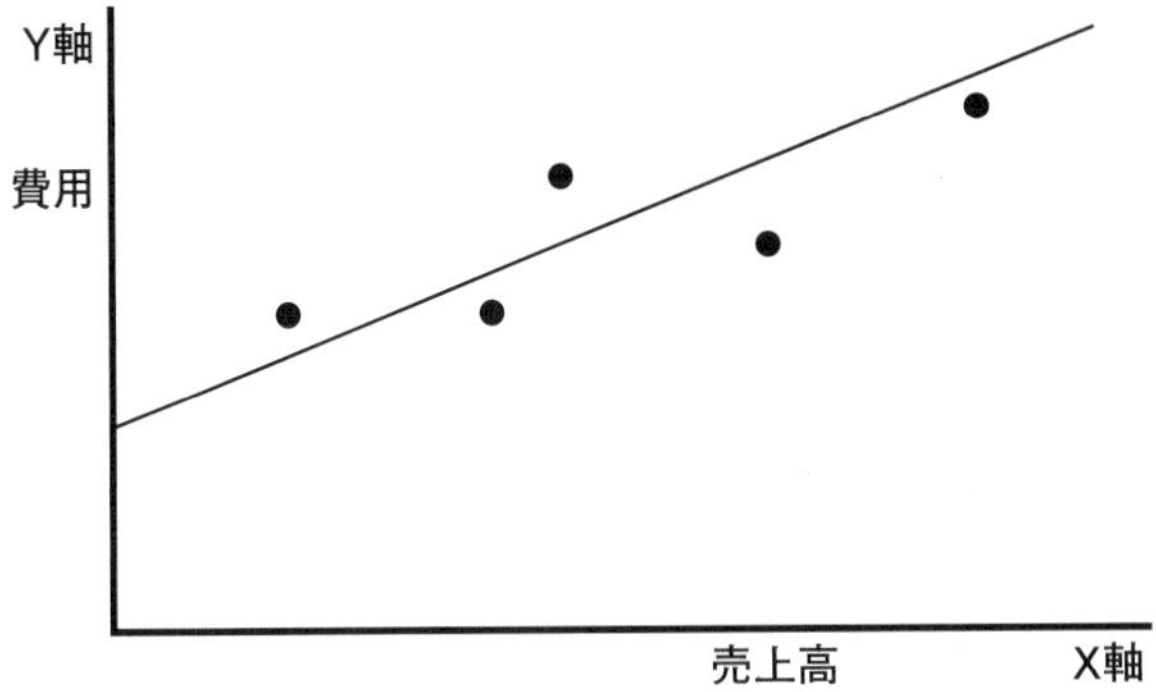

えば、製造業では製造原価の中の材料費や外注加工費は変動費とし、正社員の人件費や減価償却費は固定費にするといったように、費目毎に変動費と固定費に決め打ちしていきます。費目別精査法は多少正確性を欠く場合がありますが、方法が簡単なので実務的と言えます。

「最小二乗法」という言葉自体は、理系の人であれば聞いたことがあると思います。売上高の変動に対して費用がどう変動するかの実績データがいくつかあれば、**図表3-1**のように、それらのデータに近似した直線を最小二乗法によって引くことができます。この直線のY軸との接点が固定費

図表 3-2　財務会計で使うPL

（単位：万円）

売上高	100	
売上原価	50	：すべて変動費
販売費及び一般管理費	40	：変動費10、固定費30
営業利益	10	

になり、売上高に比例して増加していく分が変動費になります。

ちなみに、この直線をY＝aX＋bとすれば、直線の傾きaとY軸との接点bは、表計算ソフトのエクセルの関数機能「SLOPE」と「INTERCEPT」を使えば簡単に算出できます。

ただ、私たち会計の専門家ではない人は、変動費と固定費の分解方法の詳細にまで入っていく必要はないと思います。

いずれにせよ何らかの方法で費用を「変動費」と「固定費」の2つに分ければ、利益計算が簡単になりシミュレーションがしやすくなります。

簡単な例を示しておきましょう。**図表3－2**は財務会計で使うPLです。売上原価の50万円はすべて変動費だと思ってください。販売費及び一般管理費の40万円は、そのうちの10万円が変動費で、30万円が固定費だと仮定します。

これを変動費と固定費という概念で組み替えると**図表3－3**に

なります。変動費の60万円は、図表3－2の売上原価の50万円と販売費及び一般管理費の中の変動費分10万円を足し合わせたものです。固定費の30万円は、販売費及び一般管理費の中の固定費分30万円のことです。「変動費」と「売上高－変動費」の横に書いてある「%」は売上高に対する割合です。

図表3-3　組み替え後のPL

（単位：万円）

売上高	100	
変動費	60	：60%
売上高ー変動費	40	：40%
固定費	30	
営業利益	10	

図表3-4
売上高が20%アップした場合のPL

（単位：万円）

売上高	120	
変動費	72	：60%
売上高ー変動費	48	：40%
固定費	30	
営業利益	18	

こうすれば利益計算のシミュレーションが簡単に行えます。売上高20%アップのときの営業利益を計算してみましょう。変動費は、売上高に完全に比例し、固定費は売上高が変わっても変化しないと考えてください。

図表3－4のように、売上高が20%アップすることによって営業利益は10万円から18万円に80%もアップ

することがわかります。

　変動費と固定費に分ければ、利益計算が簡単にできるだけではありません。これからが数学モデルの真骨頂です。変動費が売上高に完全に比例すると仮定すると、「売上高－変動費」の数字も売上高に完全に比例します。今回の例でいえば40％です。この「売上高－変動費」のことを貢献利益（Contribution Margin）といいます。

　そして、売上高に対する貢献利益の比を貢献利益率といいます。この例の事業では変動費率が60％、貢献利益率が40％で、この比率は売上高に完全に比例する、つまり一定であると仮定しています。

　そうであれば、売上高がいくらのときに営業利益が「0」になるかは簡単に計算できます。固定費の30万円に見合う貢献利益が出ればいいのです。貢献利益は売上高の40％だったのですから、次の式が成り立つときの売上高が、営業利益が「0」になる売上高になるわけです。


売上高×40％（貢献利益率）＝30（固定費）

ここからは完全に数学モデルですね。この売上高は、計算式を次の式に変形すれば簡単に求まります。

売上高＝30（固定費）÷40％（貢献利益率）

この式を解けば、売上高は75万円になります。念のため表にしておきましょう（図表3－5）。

図表3-5
営業利益が「0」になる場合のPL

（単位：万円）

売上高	75	
変動費	45	：75×60％
売上高－変動費	30	：75×40％
固定費	30	
営業利益	0	

ここまで説明すると、「売上高－変動費」のことをなぜ「貢献利益」と呼ぶかご理解いただけたと思います。固定費を回収して営業利益を稼ぎ出すために「貢献」する利益だから「貢献利益」と呼ばれるのです。

（4）損益分岐点分析も簡単だ

　ここまでのことが理解できれば、損益分岐点分析の考え方も簡単に頭に入ってくると思います。損益分岐点というのは利益が出るか損失が出るかの分岐点ということです。損益分岐点に関しては、管理会計の解説書の中に**図表3－6**のような図が出てきて頭が混乱した人がいるかもしれません。

　会計の専門家ではない人がこの図だけを見ると、何のことやらわからないと思います。ただ、この図は分解して理解すれば難しいものではありません。86ページの**図表3－7**を見ながら説明しましょう。

　図表3－7の図の横軸は売上高、縦軸は費用の金額を表しています。事業活動を考えたとき、売上の増減には関係なく一定の費用が出ていく固定費というものがありました。売上高が変わっても固定費の金額は一定で変わらないものですから、これを図にすると図表3－7の①のようになります。

図表3-6　**損益分岐点分析図**

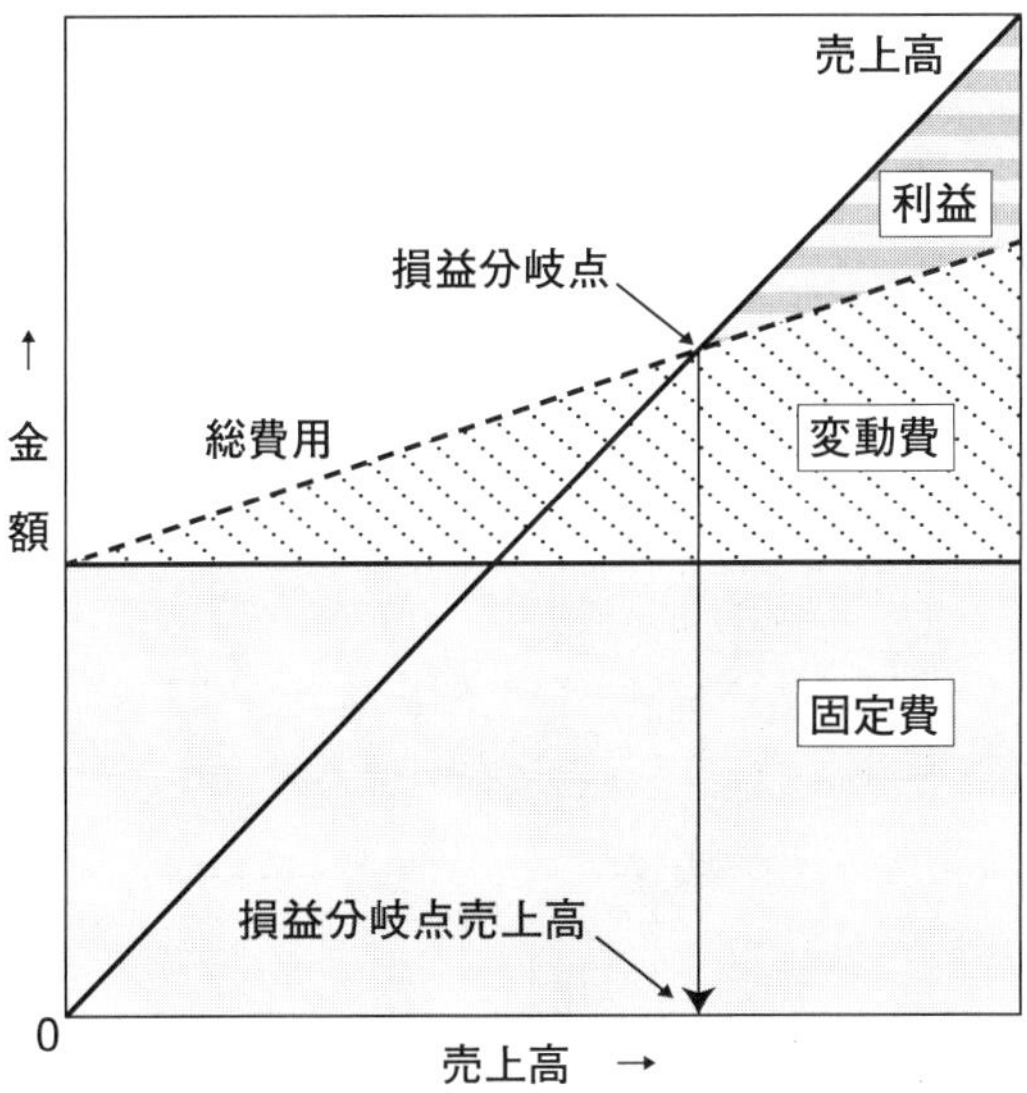

次に、費用の中には売上高に比例して額が変わる変動費というものがありました。変動費は売上高に比例して増えていくものです。この変動費を固定費に上乗せして表したのが②です。固定費と変動費を合わせたものを総費用と呼びます。

これに売上高の線を加えてみましょう。売上高の金額は言うまでもなく売上高に比例して増えていきます。これを表しているのが③です。この図がまさに図表3-6です。

図表 3-7　**損益分岐点を理解するための図**

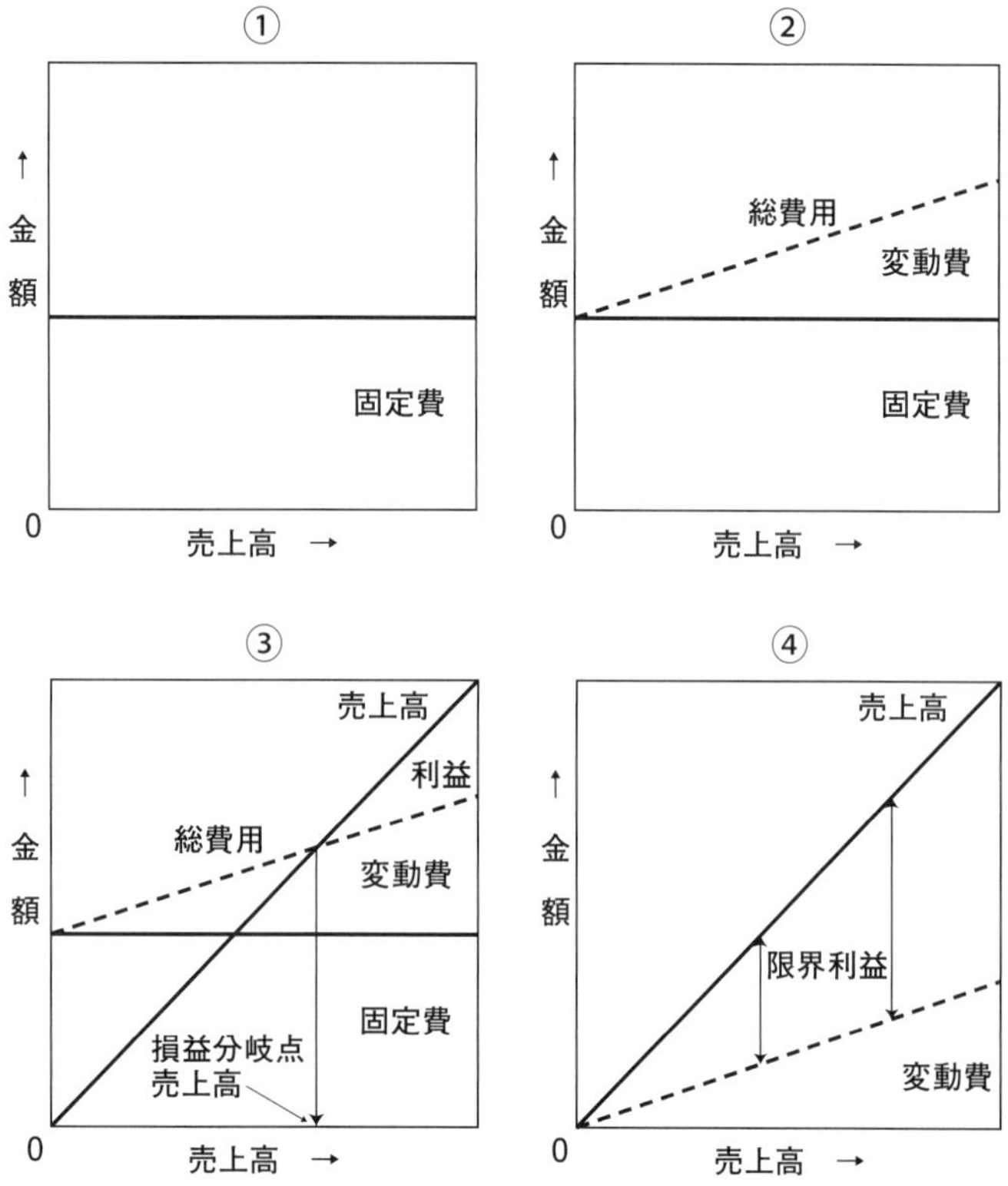

そして、売上高から総費用を差し引いたのが利益というわけです。この利益が「0」になる点、つまり利益と損失の分岐となる売上高を損益分岐点売上高といいます。

損益分岐点分析のときに出てくる言葉に、限界利益（Marginal Profit）というのがあります。限界利益とは売上高から変動費を引いたものです。図表3－7の④に限界利益がよくわかるように示しています。④の図は③の図から固定費を除き、変動費の線を下まで降ろしたものです。

ここで会計の専門家ではない人が混乱するのは、限界利益と貢献利益は同じものかどうかということです。計算式はどちらも「売上高－変動費」ですから、大きな枠組みでいえば、限界利益＝貢献利益でもいいのですが、ここはもう少し詳しく説明しておきましょう。

限界利益の「限界」という言葉は、私たちが一般的に使う「もうこれ以上はないぎりぎりの範囲」という意味ではなく、「1単位追加して増えるごとに」という意味で使われています。実は限界利益という考え方は、経済学の限界効用（Marginal Utility）からきています。つまり、限界利益とは「売上が1単位追加して増えるごとに増える利益」

という意味です。

「売上が1単位追加して」という言葉が示すように、限界利益という言葉を使うのは基本的に具体的な商品を対象として考えるときです。具体的な商品が1単位追加して売れたときに増える利益、という考え方です。例えば、1台100万円の商品の変動費が70万円であれば、1台30万円の限界利益があるという言い方をします。

限界利益という言葉は、商品が1単位追加して売れたときに増える利益であるという認識があれば、貢献利益との混乱がなくなるでしょう。ただ、ビジネスの現場では貢献利益の意味で限界利益という言葉を使っている場合も多いようです。

(5) 代替案をシミュレーションするためのCVP分析

数学モデルの活用をさらに深めていきましょう。82ページで示した営業利益が「0」のときの売上高を計算する式は重要な意味を持っています。もう一度計算式を記載しておきましょう。

売上高×40%（貢献利益率）＝30（固定費）

この式を使えば、目標とする営業利益をあげるための売上高も簡単に計算できます。貢献利益が固定費と営業利益を合わせた額をまかなうものであればいいわけです。例えば、営業利益を50万円出したいと思えば次の計算式になります。

売上高×40%（貢献利益率）＝30（固定費）＋50（営業利益）

この式は次のように変形できます。

売上高＝〔30（固定費）＋50（営業利益）〕÷40%（貢献利益率）

この式を解けば売上高は200万円になります。次のページの**図表3－8**で確認して

図表3-8
営業利益50万円の場合のPL

（単位：万円）

売上高	200	
変動費	120	：200×60%
売上高ー変動費	80	：200×40%
固定費	30	
営業利益	50	

おきましょう。

ここまでくれば、これはもう完全に数学モデルと呼んでよいでしょう。ある事業の貢献利益率と固定費がわかれば、目標とする利益をあげるための売上高は次の式で簡単に計算できます。

売上高＝（固定費＋利益）÷貢献利益率

これをもう少し数学的に表してみましょう。売上高をV、固定費をC、利益をP、貢献利益率をMとすると、次の式で目標利益をあげるための売上高が計算できます。

$$V = (C + P) \div M$$

この式を使えば、各部門からの予算案を積み上げた段階の利益に、さらに利益を上乗せした場合、どれくらいの売上が必要になるかを簡単に計算できます。もちろん、そのためには売上原価と販売費及び一般管理費を、変動費と固定費に分類する必要があります。

ここで説明した方法をCVP分析と呼ぶことがあります。それは次のように、費用と売上高と利益の関係分析だからです。

費用（Cost）
売上高（Sales Volume）
利益（Profit）

このCVP分析を使うと、ビジネスの代替案を簡単に評価できるようになります。81ページの図表3－3で使った例を原案（ケース①）として、原案のままでは目標とする利益を出すのが難しいので、次のような代替案（ケース②とケース③）を考えてみたとしましょう。

ケース①：原案（売上高100万円、貢献利益率40％、固定費30万円、利益10万円）
ケース②：販売価格を下げて売上高を増やすことで目標利益の10万円を達成する
ケース③：広告を出すことで目標利益の10万円を達成する

原案をもう一度掲載しておきます（図表3-9）。売上高が100万円、固定費が30万円、貢献利益率が40％で利益が10万円でした。

競争環境が厳しくなり、原案のままでは現実的に目標利益10万円を達成することが難しくなってきたとします。そこで考えた代替案が、ケース②の販売価格を下げて売上高を増やす戦略です。

固定費も目標利益も変えません。販売価格を下げても原価は変わりませんから貢献利益率は下がります。貢献利益率が25％に下がる例で考えてみましょう。この売上高の計算は簡単です。次の式に数字を代入するだけです。

売上高＝（固定費＋利益）÷貢献利益率

売上高＝（30＋10）÷25％＝１６０

図表3-9　ケース①のPL

（単位：万円）

売上高	100	
変動費	60	60%
売上高－変動費（貢献利益）	40	40%
固定費	30	
利益	10	

必要売上高は１６０万円になります。

次の代替案（ケース③）は、広告を出して売上高を増やす方法です。広告に10万円を費やし、元々の固定費30万円と合わせて固定費の合計が40万円になる場合を考えてみましょう。貢献利益率は変えません。この時の必要売上高は次のようになります。

売上高＝（40＋10）÷40％＝１２５

必要売上高は１２５万円になりました。

これで３つの案は、次のページの**図表3-10**のように整理でき

図表3-10　3つのケースの比較表

（単位：万円）

ケース	内容	貢献利益率	固定費	利益	必要売上高
①	原案	40%	30	10	100
②	販売価格を下げる	25%	30	10	160
③	広告を出す	40%	40	10	125

ます。

ここまでくれば、後はどの案を選択し実行に移すかだけです。もちろん、これ以外のさまざまなケースをシミュレーションしてもいいわけですが、検討するさまざまな代替案の中から、いままでの経験や現場の競争環境などを勘案しながら、どれが一番現実的であるかを判断し実行していくわけです。

(6) 予算と実績の差異を分析して手を打つ

予算を策定し実行すれば、何がしかの実績が出ます。この実績はほとんどの場合、予算とは異なってきます。予算と異なる実績をそのままにしてはいけません。なぜ実績が予算と異なったのか、分析が必要です。

ドラッカーが言うように、世の中は複雑系です。何が起こるか

図表3-11　予算のPL

	（単位：円）	
売上高	1,000,000	
売上原価	500,000	：すべて変動費
販売費及び一般管理費	400,000	：変動費100,000、固定費300,000
営業利益	100,000	

わかりません。そのような複雑系の世の中だからこそ、予算を立てて実行した結果を分析し、フィードバックを利かせて軌道修正していくのです。これは仕事の基本であるＰＤＣＡ（Plan→Do→Check→Action）の実践です。

では、実際に具体例を使って、予算と実績の差異分析の方法を説明します。今回は少し臨場感を持たせましょう。実は私の会社ボナ・ヴィータ コーポレーションでは、『竹とんぼ屋』という屋号で子供向けの竹とんぼ工作キットを販売していました。本当の話です。この竹とんぼ屋の1カ月の予算として、80ページの図表３－２のＰＬと同じ数字の予算を作ったとします（**図表3－11**）。ただし、単位は「万円」ではなく「円」で表記しています。

竹とんぼ販売のビジネスとして、売上高が1カ月に１００万円で営業利益が10万円の予算です。この予算で営業活動を行ったのですが、実績は次のページの**図表3－12**のようになりました。

図表3-12　実績のPL

（単位：円）

売上高	1,300,000
売上原価	700,000
販売費及び一般管理費	450,000
営業利益	150,000

売上高は予算に比べて30万円増え、売上原価は20万円増え、販売費及び一般管理費は5万円増え、営業利益も5万円増えています。売上高も利益も増えているので、ただ喜んでいればよいのでしょうか。この実績は予算に比べて、何が良くて何が悪いのでしょうか。この実績に対して、さらに何か手を打つ必要はあるのでしょうか。図表3－11と図表3－12を比較しただけでは詳しいことはわかりません。

少しずつ差異分析をしていきましょう。まずは売上高と売上原価の詳細です。**図表3－13**は予算の売上高と予算の売上原価の詳細です。竹とんぼの販売単価は1個50円で、それを2万個販売する計画でした。1個の商品の仕入単価が25円でしたので売上原価の総額は50万円です。

次に、実績の売上高と実績の売上原価の詳細を見てみましょう。**図表3－14**をご覧ください。販売単価は2円上がって52円となり、販売個数も予算より５０００個多い２万５０００個になっていたとします。売上原価の方は、仕入単価が3円上がって28円になっていたとします。仕入個数は販売個数と同じ2万5000個です。

これは、どのように分析すればよいのでしょうか。まず売上高から見ていきましょう。

図表 3–13
予算の売上高と予算の売上原価

	単価(円)	個数	金額(円)
売上高	50	20,000	1,000,000
売上原価	25	20,000	500,000

図表 3–14
実績の売上高と実績の売上原価

	単価(円)	個数	金額(円)
売上高	52	25,000	1,300,000
売上原価	28	25,000	700,000

売上高を変化させるのは、販売単価と販売個数の2つの要因しかないのですから、次のページの**図表3-15**のような図を作れば、差異の要因が一目瞭然です。予算では販売単価50円で販売個数が2万個だったので、売上高は100万円でした。

実績の売上は予算より5000個多い2万5000個でしたから、販売数量差異として50円×5000個=25万円が求まります。また、販売単価も2円アップしていますから、販売単価差異として2円×2万5000個=5万円が求まります。

図表 3-15　売上高の差異分析

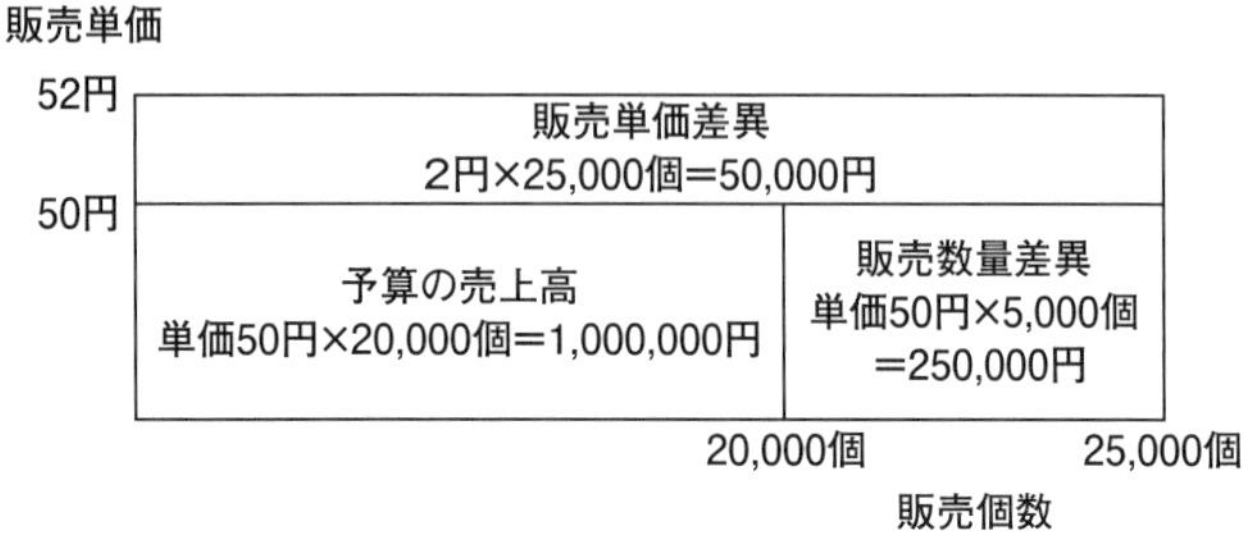

つまり、売上高は予算の１００万円から１３０万円と30万円増えていたわけですが、これを分解すると販売数量差異として25万円増え、販売単価差異として５万円増えていたわけです。

売上高と同じように、売上原価も分析してみましょう。**図表３-16**をご覧ください。予算では単価25円で２万個の仕入ですから、50万円の売上原価でした。

実績の仕入は、売上が５０００個増えた分と同じ５０００個増えていますので、仕入数量差異として25円×５０００個＝12万５０００円が求まります。また、仕入単価が25円から28円へ３円上がっているので、仕入単価差異として３円×２万５０００個＝７万５０００円が求まります。

つまり、売上原価は予算の50万円から実績の70万円に

図表3-16　売上原価の差異分析

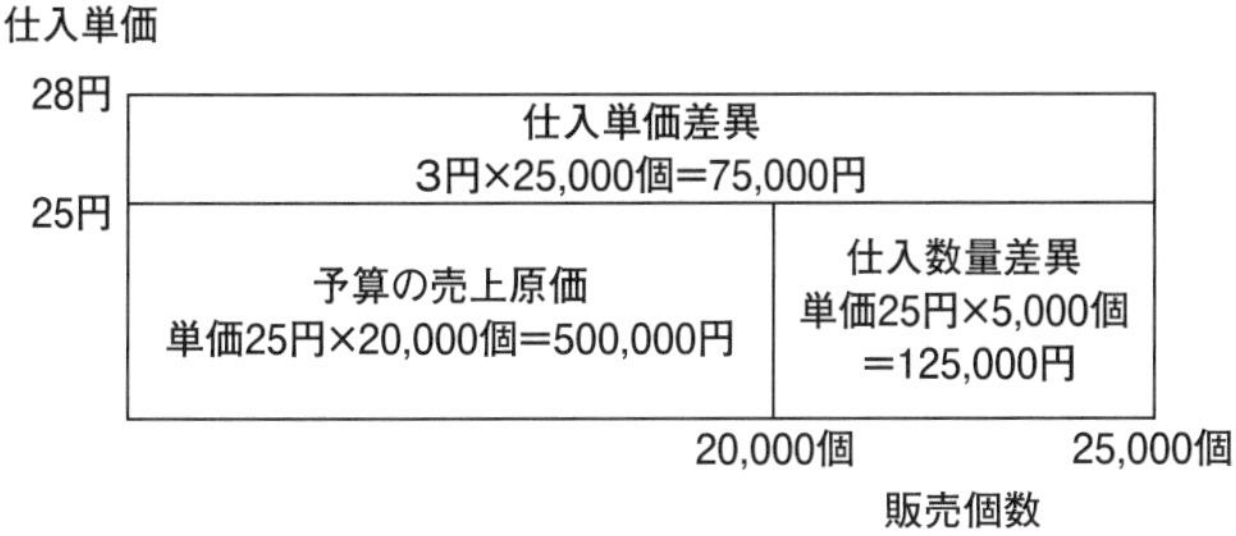

20万円増えているわけですが、これは仕入数量差異が12万５０００円、仕入単価差異が７万５０００円の内訳になっているわけです。

次は、販売費及び一般管理費の詳細を見てみましょう。次のページの**図表３-17**をご覧ください。予算の販売費及び一般管理費40万円は、変動費の10万円と固定費の30万円に分かれていました。この変動費は売上高に完全に比例すると仮定すれば、売上高１００万円に対する変動費率は10%ということになります。

次に、実績の販売費及び一般管理費の内訳を見てみましょう。販売費及び一般管理費45万円の内訳は次のページの**図表３-18**のようになっていたとします。変動費率は10%のままで売上が１３０万円になっていますから、変動費は13万円で予算に比べて３万円増えています。固

図表3－17
予算の販売費及び一般管理費の内訳

（単位：円）

変動費	変動費率	固定費	販売費及び一般管理費
100,000	10%	300,000	400,000

図表3－18
実績の販売費及び一般管理費の内訳

（単位：円）

変動費	変動費率	固定費	販売費及び一般管理費
130,000	10%	320,000	450,000

定費は予算の30万円から2万円増えて32万円になっています。

以上の差異分析の結果をまとめたのが**図表3－19**です。金額の欄でマイナス（△）表示になっているのは利益に対してマイナスの影響があることを意味しています。

一つひとつ見ていきましょう。まず、販売数量の増加で売上高が25万円増加しています。ただ、販売数量の増加の影響で、売上原価が12万5000円、販売費及び一般管理費の変動費分が3万円それぞれ増えており、この販売数量の増加の影響としてはトータルで利益に9万5000円寄与したといえます。

一方、販売単価の上昇で5万円利益が増えているわけですが、仕入単価の上昇で7万5

図表3-19
差異分析結果のまとめ

（単位：円）

内　訳	金額
販売数量増加の影響	
売上高	250,000
売上原価	△ 125,000
販売費及び一般管理費の変動費分	△ 30,000
小計	95,000
販売単価上昇の影響	50,000
仕入単価上昇の影響	△ 75,000
販売費及び一般管理費の固定費分	△ 20,000
合計	50,000

000円のマイナスの影響があります。また、販売費及び一般管理費の固定費分で2万円のマイナスの影響があります。

これらをトータルして営業利益は、予算の10万円から実績の15万円に5万円増えているということになります。

このようにして差異分析をすると、手を打つべきポイントが明確になってきます。販売数量増加による売上原価や販売費及び一般管理費の変動費分の増加は致し方ないといえるでしょう。検討が必要なのは、仕入単価と販売費及び一般管理費の固定費分のマイナス要因です。

仕入数量は予算の2万個から実績の2万5000個へ5000個増えているのに、単価が上がっているのが解せません。一般的に言えば、仕入数量が増えれば単価は下がってもよさそうなものです。何か特殊な要因があるのかもしれませんが、いずれにせよチェックが必要な項目です。

さらに問題なのは、販売費及び一般管理費の固定費分の増加です。固定費は販売数量に影響されない費用です。したがって、販売数量が増えたからといって固定費が上がるのはおかしいのです。販売費及び一般管理費の固定費分の増加については細かいチェックが必要です。

私はサラリーマン時代に、企画部門で会計の充分な知識がないままに、この差異分析の作業をしていたことがありました。そのころは、「すでに起こってしまっている実績に対して、重箱の隅をつつくような分析をして何の意味があるのだろう」とよく思ったものでした。しかし、今のように、経営全体のプロセスと管理会計の意味が理解できていれば、自分が行っていた差異分析作業の意義がわかり、徒労感を味わうこともなかったと思います。

第1章で説明したように、会計にはデカルト以来の分析思考が使えます。会計的な数値は物理的なものです。すなわち、全体が部分から成り、かつ部分の集合が全体になります。そのような物理的なものは、細かく分解すればするほどより多くのものが見えてきます。

また、将来が確実に予測できない複雑系の世の中の経営では、予算という目標を定めて従業員のエネルギーを動員し、実践した結果を分析して自らの活動の軌道修正をしていくという方法が有効なのです。

(7)「変動費」と「固定費」という考え方の活用範囲は広い

「変動費」と「固定費」という考え方はCVP分析以外にもいろいろなところで活用できます。第2章の終わりで、「営業利益がマイナスの場合や売上総利益がマイナスの場合に、注文を受けるかどうかの判断基準にまで考えが及んでいる人が出てきているのではないか」と書きました。このような判断にも、「変動費」と「固定費」という考え方が理解できていれば適切に対応できます。

例えば、顧客から原価割れになるような商売の要請があったとします。つまり、その商品の売上原価が売上高を上回り、その商品の売上総利益がマイナスになるような商売です。このような原価割れの商売は受けるべきではないのでしょうか。

もちろん、このような原価割れの商売ばかりを継続的に行うことはできません。ただ、原価割れではあっても限界利益がプラスの場合はどうでしょう。状況にもよりますが、固定費を少しでも回収できるのであれば、短期的にはこのような商売も受けた方がよい場合も出てきます。

この第3章では、小売業を例にして売上原価をすべて変動費として説明してきましたので、売上総利益がマイナスなのに限界利益がプラスということに混乱している人が出てきているのではないかと思います。少し補足説明しておきます。

ここからしばらくは、話を簡単にするために、売上総利益以降の費用は無視して、売上総利益の範囲の中で説明していきます。

売上原価がすべて変動費のような小売業の場合、もし売上総利益がマイナスになっていれば限界利益もマイナスになっているはずです。なぜなら、

売上総利益＝売上高－売上原価
限界利益　＝売上高－変動費

で、売上原価＝変動費だからです。

しかし、製造業などの場合はこれとは違います。なぜなら、売上原価の中に変動費と固定費があるからです。あえて式にすれば、

売上総利益＝売上高－売上原価（変動費＋固定費）
限界利益　＝売上高－変動費

となります。

この場合、売上総利益がマイナスになっていても、限界利益はプラスになる場合があります。なぜなら、右の2つの式の間には固定費の差があるからです。

このような場合、原価割れ（その商品の売上総利益がマイナス）であっても限界利益がプラスであれば、固定費を少しでも回収できるので、短期的にはこのような商売も受けた方がよい場合が出てくるのです。

では、限界利益がマイナスになるまで値引き要請された場合はどうでしょう。この場

合は、本当に特殊な事情（新規の取引先開拓にあたっての当初価格のみといった）でもない限り商売を受けるべきではありません。限界利益がマイナスということは、売上高より変動費の方が大きいということです。小売業のような売上原価がすべて変動費のビジネスでいえば、限界利益がマイナスということは、仕入価格より安い価格で販売しているということであり、経済的に何のメリットもない商売ということなのです。

営業利益がマイナスのときも考え方は同じです。営業利益がマイナスであっても限界利益がプラスであれば、商売を受けた方がよい場合もあるわけです。

このように「変動費」と「固定費」という考え方は事業をマネジメントするうえで非常に有効です。

実は、原価計算においても、管理会計の世界には「直接原価計算」というものがあります。

「直接原価計算」は、製品原価を生産量によって変動する「変動費」だけで計算するものです。「固定費」は生産数で割って製品原価に加えるのではなく、すべて発生時に費用として処理します。

この「変動費」と「固定費」という考え方を使った原価計算は便利なものです。なぜなら、製品の生産量をどれだけ増やせば「固定費」が回収できるかという考え方ができるからです。

しかし、この「直接原価計算」は管理会計の世界だけで使われるもので、財務会計の世界には基本的に出てきません。それは、「変動費」と「固定費」を明確に判別するのが現実的には難しいからです。明確に判別することが難しいとなるとそこには恣意性《しいせい》が入り込む余地が残ります。ですから、事業の実態を外部の人に正しく知らしめる財務会計の分野では「直接原価計算」は使われていないのです。

ここで新しく「直接原価計算」という言葉が出てきましたが、原価計算には「個別原価計算」「全部原価計算」「総合原価計算」など、似たような言葉がいくつも出てきます。一つひとつの内容を勉強した直後は、それぞれの言葉の意味もわかったつもりでいますが、少し時間が経つと、私たち会計の専門家ではない人は、どの言葉が何を意味するものだったのかわからなくなってしまいます。ここで「原価計算」に関する言葉を体系的に整理しておきましょう。

図表3-20
原価計算に関する言葉の整理

- ・直接原価計算（管理会計の世界だけで使われる）
- ・全部原価計算
  - ・実際原価計算
    - ・個別原価計算
    - ・総合原価計算
  - ・標準原価計算

図表3-20を見ながら読み進めてください。

管理会計の世界だけで使われる「直接原価計算」に対して、第2章で説明した原価計算の手法はどれも、「変動費」と「固定費」をすべて製品原価に含めるという意味で「全部原価計算」と呼ばれるものです。

その「全部原価計算」は、実際に原価を計算する「実際原価計算」と、標準の数字を使って原価を計算する「標準原価計算」の2つに分かれます。

そして、この「実際原価計算」が、受注生産形態に適している「個別原価計算」と、大量生産形態に適している「総合原価計算」の2つに分かれるのです。

5 利益だけを追い求めることの危うさ

これまでずっと利益をあげることについて説明してきましたが、そもそも企業にとって利益とは何なのでしょうか。

72ページで説明したように、「原価計算基準」の予算の定義の中には、「企業の利益目標を指示し」という言葉がありました。改正前の商法では、「営利を目的とする社団」は会社であるとされていました。経済学では「利潤最大化」という考え方が基本にあります。このようなことから、「企業の目的は利益をあげることだ」と思っている人が多いのではないでしょうか。

さらに言えば、1990年代から「会社は株主のものである」という資本主義の考え方が日本にも色濃く入り込み、昨今の日本の経営者は、株主からの「短期利益の追求」というプレッシャーを強く受けてきました。

しかし、利益自体を追い求めても必ずしも利益があがるわけではありません。日本には昔から「お金を追いかけるとお金は逃げていく」という言葉がありました。考えてみればすぐにわかることですが、利益とは、お客様がその企業の商品やサービスを選んでくれた結果としてもたらされるものです。

その結果にしか過ぎない利益を性急に求めるから、追い込まれた従業員たちは不適切販売・押し込み営業・データ改ざん・会計不正などに走り、結果的に顧客や社会からの信頼を失うという最悪の事態を招くことになるのです。これが本書の「はじめに」で書いた、「どんな有効なツールでもその使い方を間違えば破滅に向かいます」ということです。

ドラッカーは「企業にとって第一の責任は、存続することである」と言います。しかし同時に、企業の第一の目的は利益をあげることではないと言います。

ドラッカーは「企業の目的は、それぞれの企業の外にある。企業は社会の機関であり、その目的は社会にある。企業の目的の定義は一つしかない。それは顧客の創造である」*17と言います。つまり、企業の目的は顧客が必要とする商品やサービスを提供し、既存の顧客を引き留め、新しい顧客を創造し続けることなのです。

管理会計的に言っても、利益をあげるためにまず必要なのは売上です。そして、売上をあげるためには、顧客に選んでもらうという方法しかないのです。

では、顧客が選んでくれる商品やサービスを提供するために、企業には何が必要なのでしょうか。当然ながら顧客を中心にしなければなりません。まずは顧客を知り尽くすというマーケティングの機能が必要になります。しかし、顧客を知り尽くすだけでは充分ではありません。顧客の期待を超える商品やサービスを提供するというイノベーションの機能も必要になります。

このマーケティング機能とイノベーション機能が、企業が持つべき2つの基本機能だとドラッカーは言います。昨今業績をあげているアマゾン・グーグル・アップルといった企業はどこも、顧客に焦点を当て、顧客の期待以上の商品やサービスを提供し続けています。

次に、組織は人が集まって仕事をしますから、経営管理的機能（Administrative function）[*18]が必要になります。この経営管理的機能の経済的側面を生産性と言います。

経済学では200年以上前から、経済活動には「人」「物」「金」の3つの資源が必要であると言われています（現代では4つ目の資源として、「情報」を加えておくべきか

＊17　『マネジメント　課題、責任、実践』P・F・ドラッカー著、上田惇生訳（ダイヤモンド社）
＊18　Peter F. Drucker “Management: Tasks, Responsibilities, Practices” Collins Business

もしれません)。

実は、利益にも大きな機能があります。それは成果測定のための機能です。世の中に利益をあげられない企業はたくさんあります。何が悪いのか。それは、組織の中のマーケティング機能、イノベーション機能、経営管理的機能のいずれか、もしくはそれらのすべてがお粗末だから利益があがらないのです。

しかし、企業にはこの利益という成果測定のための機能があるから、自分たちは何が悪いのかをフィードバックし改善していけるのです。

企業にとって利益が大切であることは間違いありません。しかし、利益は企業の目的ではなく、企業存続のための条件なのです。

以上述べてきたドラッカー経営学における事業マネジメントの全体像を図にすると**図表3-21**のようになります。

企業の目的である「顧客の創造」のためには「マーケティング機能」「イノベーション機能」「経営管理的機能」が必要になります。そしてこの3つの機能が文字どおりうまく機能すれば、結果として「利益」がもたらされるのです。この図が示すように、利益は図の上に置くべき目的ではなく、図の下にある結果に過ぎないのです。

そして、企業は社会の中に存在します。「企業の本質は社会的存在[*19]」であるという

図表 3-21
ドラッカー経営学における事業マネジメントの全体像

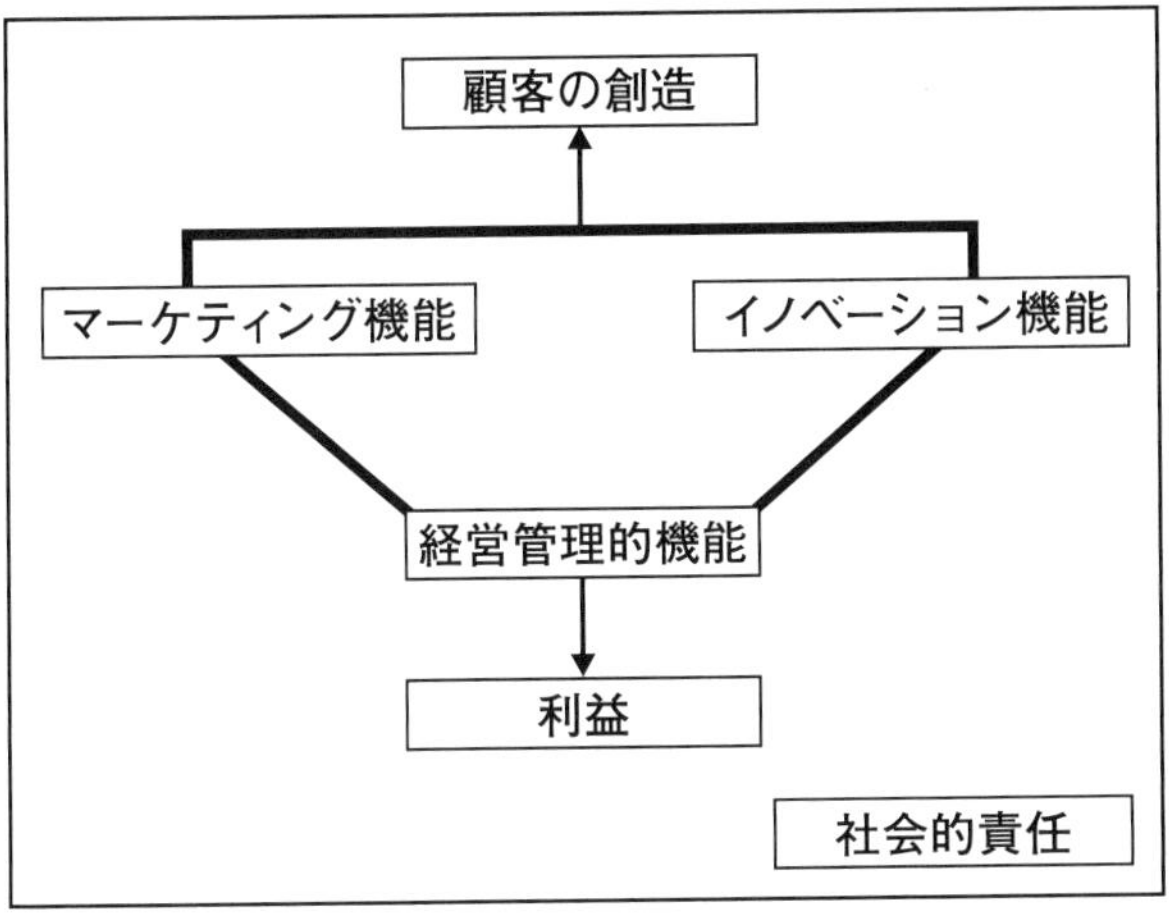

ことです。したがって企業は常に、企業が社会に与える影響や社会自体が抱える課題の解決に責任を負っています。

ですのでドラッカーは、組織をマネジメントするうえで目標設定が必要なのは、利益だけでなく次の8つの領域[*20]があると言います。

＊19 『企業とは何か』P・F・ドラッカー著、上田惇生訳（ダイヤモンド社）

1. マーケティング
2. イノベーション
3. 人的資源
4. 資金
5. 物的資源
6. 生産性
7. 社会的責任
8. 必要条件としての利益

（1〜2：2つの基本機能／3〜6：経営管理的機能）

企業のマネジメントとは、利益目標を設定してそれを追い求めるだけではなく、右記の8つの領域で明確な目標を設定し、目標達成のためにエネルギーを動員し、目標と実績に差が出ればそれをフィードバックし軌道修正していくことなのです。

ドラッカーは、目標は自社の使命を果たすための行動の誓い（action commitments）であるとし、次のように言います。「目標は確実に達成できるとはかぎらず、むしろ方向性を示したものだといえる。命令ではなく方針なのだ。将来を決定づけるわけではなく、将来を切り開くために経営資源を動員し、熱意を引き出すための手段である」[*21]。ちなみに、この引用文の中にある「方針」という言葉も原書では、"commitments"です。

人が集まる組織においては、目標がなければ成果につながっていきません。企業の目的や使命は、目標がなければ単なるお題目で終わってしまいます。明確な目標があるからこそ、経営資源を動員し、人の熱意を引き出すことができるのです。

ちなみに、第1章で説明したA社は、ドラッカー経営学を全社員で学び実践したことにより業績がV字回復した会社です。A社が特に時間と労力をかけていたのは、マーケティングとイノベーションの活動です。顧客を知り尽くし顧客の期待以上の商品やサービスを提供し続けるための具体的な目標を設定し、それに基づく行動計画を立て、それを着実に実行していました。そのことがA社のV字回復の最大の要因でした。

＊20『マネジメント　課題、責任、実践』P・F・ドラッカー著、上田惇生訳（ダイヤモンド社）
＊21『マネジメント　務め、責任、実践』P・F・ドラッカー著、有賀裕子訳（日経BP社）

第4章　利益と現金は異なる（キャッシュフロー・マネジメント）

（1）利益は意見、現金は事実

第3章までは「利益」を中心にして説明してきました。すでに『新版 財務3表一体理解法』をお読みの方は、利益と現金は異なるということを理解していただいていると思います。この第4章ではキャッシュ（現金）のことを中心に説明します。財務3表でいえばCSに関する内容です。

まずは**図表4－1**をご覧ください。これはソフトバンクグループ株式会社のある年のPLとBSを、『新版 財務3表図解分析法』で説明した図解分析で、金額の規模が図の大きさでわかるように作図したものです。

図の左側がBS、右側がPLです。莫大な固定資産を抱えていることがわかります。巷では、「ソフトバンクは携帯電話の会社ではなく投資会社だ」と言われることがありますが、実際にたくさんの会社に投資しています。固定資産の中には、これら投資した会社の株式が積み上がっています。

図表4-1　ソフトバンクグループのPLとBS

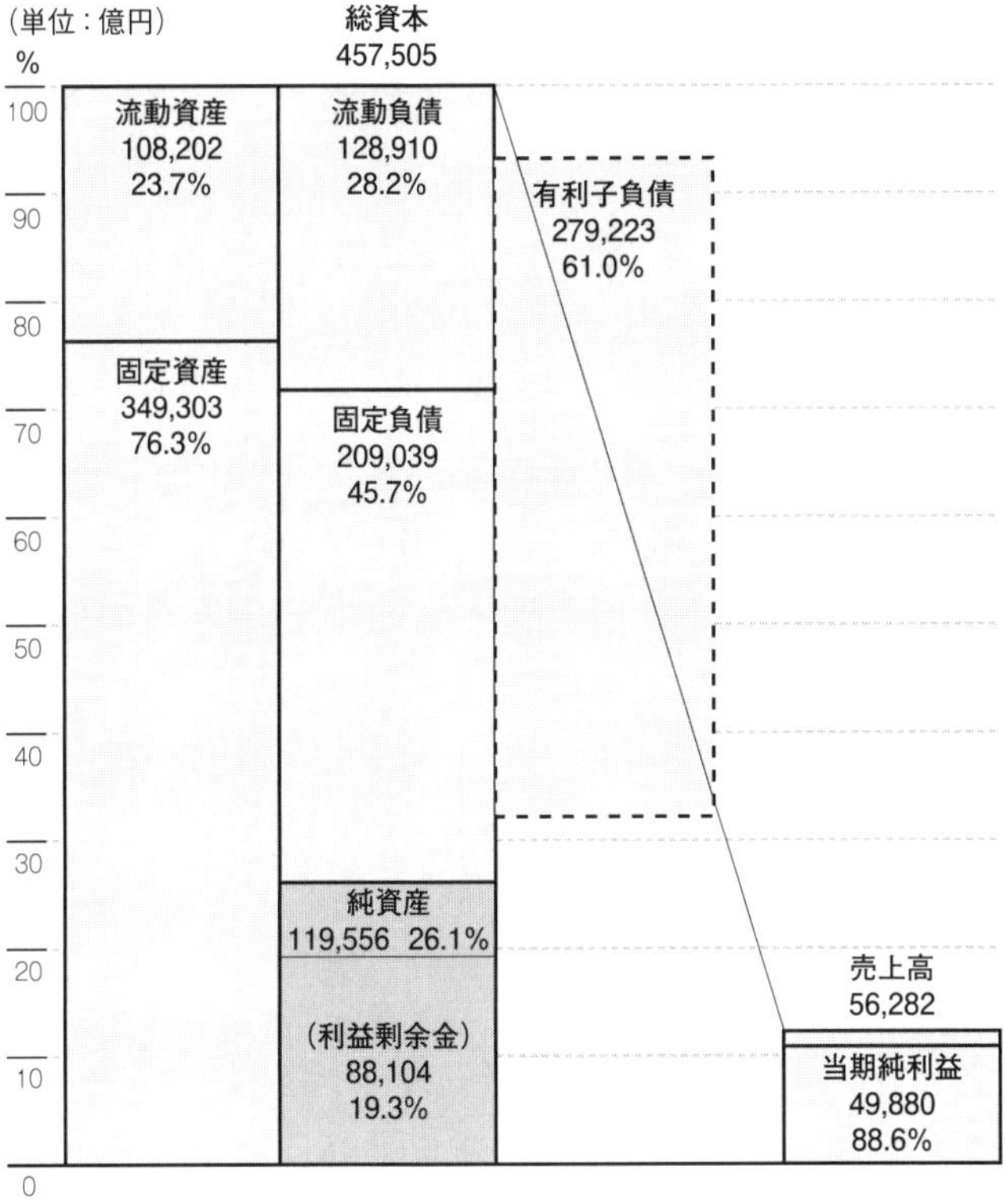

見ていただきたいのは図の右側のPLです。売上高が5兆6282億円で当期純利益が4兆9880億円になっています。この年は費用がほとんどかからなかったのでしょうか。そんなことがあるはずがありません。

実は、この莫大な利益は主に株式評価益の影響なのです。先ほど、固定資産の中には投資した会社の株式が積み上がっていると言いましたが、期末に株価が上がっていれば評価替えをし、BSの左側の金額が膨らみます。

BSは左右がバランスしますから、BSの左側の金額が増えただけでは終わりません。株価が上がれば、PLに株式評価益が計上されて利益が上がるのです（ソフトバンクグループの実際のPLでは、投資事業からの投資損益として計上されています）。

ここで読者のみなさんによく認識しておいていただきたいことは、利益とはそういうものだということです。つまり、利益とは現金実態の伴わない、会計上のルールや認識をベースに計算された数字に過ぎないということです。

実際に、ソフトバンクグループのCSを見れば、営業活動によって稼ぎ出される営業キャッシュフローの額は、前年1兆1179億円だったものがこの年5573億円に半減しています。

利益と現金は異なるものです。ある一定期間の正しい利益を計算するということで、利益には意味があります。しかし、利益はあくまでも会計上のルールに従って計算された数字でしかないのです。

ですから、利益が赤字になったからといって、すぐに会社が倒産することはまずありません。会社が何年も赤字を続けていても、お金を供給し続けてくれる人がいれば、会社がつぶれることはありません。会社が倒産するのは、支払わなければならない現金が工面できなくなったときです。つまり、キャッシュが回らなくなったときに会社は倒産するのです。

「利益は意見、現金は事実（Profit is an opinion, cash is a fact.）」という言葉があります。現金は、ある時点に会社に入ってきてある時点に会社から出ていきます。その事実に基づいて作成するのがCSです。しかし、ある会計年度の正しい利益を計算しようと思えば、それらの現金の動きをどの会計年度にどのように配分して計上すべきかという問題が出てきます。

会計のルールは正しい利益を計算するために作られているのですが、そこにはいろいろな前提や認識や判断があります。例えば、減価償却費の計上には毎年一定額を計上する定額法と、毎年一定率で計上する定率法があります。全く同じ事業活動を行っていても、減価償却を定額法で行うか定率法で行うかで利益は変わってきます。つまり、利益は財務諸表の作成に責任を持つ財務部長や社長の会計方針に関する判断によって変化するのです。

さらに言えば、利益はいろいろな前提や認識や判断がベースになりますので、粉飾につながりやすいという側面があります。『新版　財務3表図解分析法』でも、粉飾によりPLとBSの数字が操作されている例をいくつか説明しました。そういう意味でも、利益はまさに人間の意見が反映されたものなのです。

ただし、現金は非常にごまかしにくいものです。実際の現金とCSの数字が違っていればどこかが間違っています。現金こそが事実であり実態なのです。

(2) キャッシュフロー・マネジメントとは何か

利益と現金は違うということ、そして事業経営には現金が大切であるということが改めてご理解いただけたと思います。では、キャッシュフロー・マネジメントとは何なのでしょうか。

キャッシュフロー・マネジメントとはその言葉のとおり、企業を存続させていくためにどうにかうまくキャッシュを活かしていくということです。具体的にはCSの3つの欄が示す営業キャッシュフロー・投資キャッシュフロー・財務キャッシュフローのそれぞれのキャッシュフローと、これら3つのキャッシュフローの全体をマネジメントしていくことです。

では、キャッシュフロー・マネジメントの内容を一つひとつ説明していきましょう。

次のページの**図表4-2**は、『新版 財務3表一体理解法』で説明した直接法のCSです。この図を見ながらこれからの説明を読み進めてください。

図表4－2
キャッシュフロー計算書

営業活動によるキャッシュフロー
営業収入(＋)
商品の仕入支出(－)
人件費支出(－)
その他の営業支出(－)
小計
利息の受取額(＋)
利息の支払額(－)
法人税等の支払額(－)
営業活動によるＣＦ計
投資活動によるキャッシュフロー
有価証券取得(－)
有価証券売却(＋)
固定資産取得(－)
固定資産売却(＋)
投資活動によるＣＦ計
財務活動によるキャッシュフロー
短期借入収入(＋)
短期借入返済(－)
株式発行収入(＋)
自己株式の取得(－)
配当金支払(－)
財務活動によるＣＦ計
現金及び現金同等物の増減額
現金及び現金同等物期首残高
現金及び現金同等物期末残高

ＣＳの一番上の営業キャッシュフローのマネジメントとは、営業活動によって入ってくる現金を増やすことです。それは、営業キャッシュフローの欄を見ればわかるように、営業収入を増やし、商品の仕入支出や人件費支出などの支出を減らすことです。そのことは基本的には利益を増やすこととほぼ同じです。

ただし、営業キャッシュフローを増やすことと利益を増やすことにはいくつかの違いがあります。このことについては、この後の「(3)短期のキャッシュフロー・マネジメント」で詳しく説明します。

CSの真ん中の投資キャッシュフローのマネジメントとは、適切な投資対象に適切なタイミングでキャッシュを使っていくことです。第1章でも説明したように、事業とは お金を集める → 投資する → 利益をあげる という3つの活動が基本です。その中でも投資は極めて重要な活動です。次の第5章で説明しますが、何に投資するかが事業の成否を分けることになります。

また、投資キャッシュフローの欄を見ればわかるように、投資には設備投資のような直接事業に必要となる投資だけでなく、株式や国債などの有価証券への投資もあります。これら有価証券への投資も、全社的なキャッシュフローの中で何が有効なのかという観点から決めていかなければなりません。なお、これらさまざまな投資案件に対する投資評価の方法についても次の第5章で説明します。

逆に、不要な資産を適切なタイミングで売却してキャッシュにしておくということも大切な投資キャッシュフローのマネジメントです。そうすれば、別の大切な投資に使うこともできますし、借金の返済に充てることもできます。

ＣＳの一番下の財務キャッシュフローのマネジメントとは、必要な資金を適切なタイミングで調達してくることです。企業がお金を集めてくる方法は３つしかありません。自社で稼ぎ出す・他人から借りてくる・投資家から資本金として注入してもらうという３つです。自社で稼ぎ出すのが営業キャッシュフローであり、他人から借りてくる方法と投資家から資本金として注入してもらう方法が財務キャッシュフローに含まれます。

財務的な資金調達の方法としては、借入金・社債・新株予約権付社債・コマーシャルペーパー・新株発行などさまざまなものがあります。本書は財務の専門家向けの本ではありませんので、これら資金調達の方法の詳細にまでは入り込みませんが、財務部門の人たちはこれら資金調達の方法について専門的な知識を持ち、日頃から金融機関や証券会社の人たちと良好な関係を構築しているはずです。

「企業のファイナンス力」という言い方をするときがあります。それは財務部門の人たちの専門的な知識や金融機関などとの良好な関係を指す場合もあります。ただ、真のファイナンス力とは、結局はその企業にお金を貸したり投資したりしたいと思わせる企業であるかどうかということです。そのための第１の条件は、利益をあげ続けられ、営業キャッシュフローを生み出し続けられる会社かどうかということなのです。

財務キャッシュフローのマネジメントに関する重要なもう一つの側面は、計画的な借金の返済と株主への配当です。営業キャッシュフローが潤沢な会社は、期限前返済で予定以上のスピードで借金を返済していたり、莫大なお金を株主へ配当している会社が少なくありません。

逆に、会社が財務的な窮地に追い込まれたときは、金融機関に対しての債権放棄やDES（Debt Equity Swap）の要請、株主に対しての無償減資の要請など、さまざまな手法を使って会社存続を模索していくことになります（これらの内容については『新版 財務3表一体理解法 発展編』をご参照ください）。

そして、キャッシュフロー・マネジメントとは、これら営業キャッシュフロー・投資キャッシュフロー・財務キャッシュフローの3つのキャッシュフロー全体をマネジメントすることです。

例えば、投資キャッシュフローは基本的には営業キャッシュフローの範囲内でまかなうのが理想的です。それは借金を増やさないという意味からです。

逆に言えば、営業キャッシュフローのほぼ全額を投資キャッシュフローにつぎ込むといった姿勢もまた理想です。ちなみに、日本の優良企業では、営業キャッシュフローのほぼ全額を投資キャッシュフローにつぎ込んでいる会社が少なくありません。日本の優良企業は伝統的に、短期利益の追求より長期的な視点で経営をしています。長期的な企業の繁栄には適切な投資を継続していくことが極めて重要なのです。

しかし、常に投資キャッシュフローを営業キャッシュフローの範囲内でまかなえばいいかというとそうではありません。企業はここぞというときに大胆な投資をしなければならないことがあります。

例えば、『新版 財務3表図解分析法』で説明したように、IBMはある年に3兆円を超えるお金を投資して、クラウド関連の会社を買収しました。IBMの通常の年間営業キャッシュフローの約2倍にあたる額です。このような場合には財務的な資金調達が不可欠になってきます。

将来の営業キャッシュフローに不安がある場合も財務的な資金調達が必要になります。例えば、航空会社のANA（全日空）はコロナ感染症の蔓延が始まった翌年に、400

0億円を超える赤字に陥りました。営業キャッシュフローも前年のプラス約1300億円からマイナス約2700億円にまで落ち込みました。営業活動によってキャッシュを稼ぎ出すどころか、営業活動を行うことによって莫大な額のキャッシュが外に出ていったことを意味します。

その当時はコロナの収束がいつになるのか見通せない時代でした。このような状況で経営不振が続いても従業員を解雇することはできません。つまり、従業員への給料の支払いは続きます。ANAはこの大赤字になった年に、約8300億円の借金をし、増資で約3000億円を調達することにより、この年だけで1兆円を超える現金を準備して将来に備えたのです。

もう少し例を挙げておきましょう。例えば、必要な投資キャッシュフロー以上の潤沢な営業キャッシュフローを稼ぎ出している会社は、どのようにキャッシュをマネジメントすればよいのでしょうか。まずは借金返済や株主への配当にお金を使うというのが一般的でしょう。

ただ、低金利の時代においては、潤沢な営業キャッシュフローがあるにも拘わらず、借金を返済するどころかさらに借金を増やし、それら営業活動によるキャッシュと財務活動によるキャッシュを、有価証券の取得に充てている会社があったりします。借金を減らすより、その企業のファイナンス力を活かして低金利でお金を借りてきて、それを有価証券に投資した方が、会社全体として利回りが高いということなのでしょう。

はたまた、潤沢な営業キャッシュフローのある会社は、莫大な額の自己株式を取得している場合も少なくありません。前述のＩＢＭの過去のキャッシュフローを見てみると、クラウド関連の会社に莫大な投資をした年以外は、平均的に営業キャッシュフローの約6割を財務キャッシュフローにつぎ込んでいます。この財務キャッシュフローのほとんどが配当金の支払いと自己株式の取得です。どちらも株主のためのキャッシュフローです。『新版 財務3表図解分析法』で説明したとおり、自己株式を取得すれば基本的にＲＯＥ(Return On Equity) は上がり株価も上がります。それはすなわち企業価値を高めることにつながるのです。ＩＢＭは欧米の企業です。欧米の企業は基本的に株主資本主義ですから、株主のために多くのキャッシュを使うのは当たり前なのです。

このようにキャッシュフロー・マネジメントは経営方針に大きく関わってきます。キャッシュをうまく活かして企業を存続させるだけでなく、企業価値を高めていくことがキャッシュフロー・マネジメントなのです。

（3）短期のキャッシュフロー・マネジメント

先程124ページで、「営業キャッシュフローを増やすことと利益を増やすことにはいくつかの違いがあります」と言いました。それは間接法CSの営業キャッシュフローの欄を見ればすぐにわかります。**図表4－3**は『新版 財務3表一体理解法』で説明した間接法CSの営業キャッシュフローの欄です。

間接法CSにおける営業キャッシュフローは、PLの税引前当期純利益を起点に計

図表4－3
間接法CSの営業活動によるキャッシュフローの欄

営業活動によるキャッシュフロー
税引前当期純利益
減価償却費（＋）
売上債権の増加（－）
棚卸資産の増加（－）
仕入債務の増加（＋）
その他負債の増加（＋）
小計
利息の受取額（＋）
利息の支払額（－）
法人税等の支払額（－）
営業活動によるＣＦ計

図表4－4
BSの左右を見てキャッシュフローを改善する

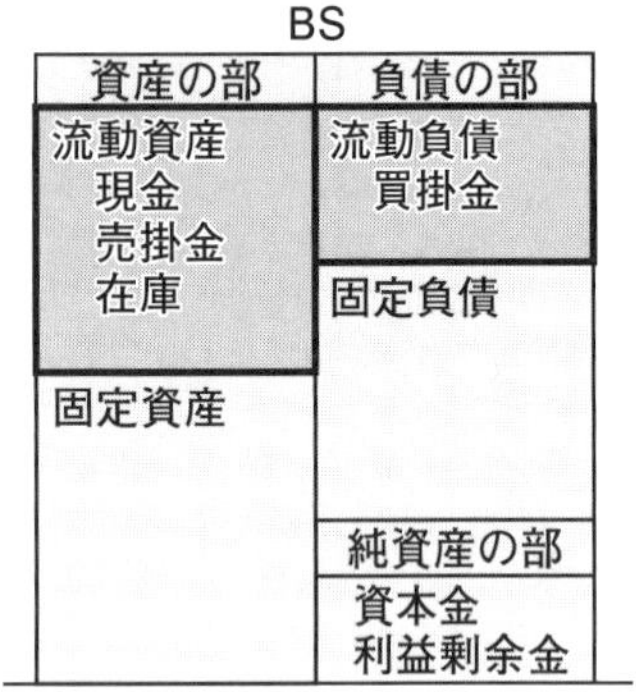

算していきます。利益と現金は異なると言いましたが、PLの中の売上や費用のほとんどがその期中には現金決済されるものです。そういう意味では、PLの利益とCSの営業キャッシュフローに大きな違いはないとも言えます。

ただ、やはり違いのあるものがあります。それが図表4－3にある、PLの利益と現金の動きに違いを生むものです。その中でも「売上債権の増加」「棚卸資産の増加」「仕入債務の増加」に着目してください。これらは**図表4－4**に示すBSの流動資産と流動負債に関係するものです。

営業キャッシュフローを増やすのは、基本的に利益を増やすことと同じで、売上を増やして費用を減らすことです。ただ、BSの流動資産と流動負債に表れる項目に着目して、営業キャッシュフローを改善することを考えておくことも大切です。

図表4-5のように、商売は仕入をして販売をします。世の中のほとんどの商売は掛け商売ですから、現金の動きでいえば、仕入代金はしばらくしてから支払われ、販売代金もしばらくしてから回収されます。現金の動きからいえば、A地点で現金が出て行き、B地点で現金が入ってきます。

短期のキャッシュフローを改善するには、できるだけA地点を遅らせてB地点を早めればよいわけです。A地点からB地点の間がお金が足りなくなる期間ですから、この期間が短くなればなるほど借入が必要な期間も短くなります。A地点よりB地点の方が先にくれば、借入の必要さえなくなります。つまり、短期のキャッシュフロー・マネジメントとは、A地点とB地点におけるタイミングのマネジメントのことなのです。

図表4-5
タイミングのマネジメント

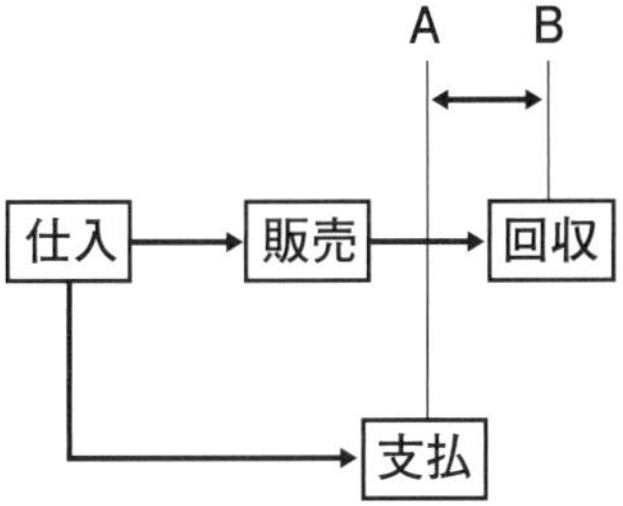

131ページの図表4-3の各項目の後に記載した（＋）（－）の記号を見ればわかるように、売掛金の回

収期間が長くなり売掛金が増加（売上債権の増加）すれば現金は減り、在庫が増えても（棚卸資産の増加）現金は減ります。一方、買掛金の支払い期間が長くなり買掛金が増加（仕入債務の増加）すれば現金は増えます。

このことは『新版 財務3表一体理解法』で説明していますが、PLとBSと間接法CSの略図を使って簡単に説明しますので復習の意味でお読みください。まずは**図表4－6**をご覧ください。

仮に年間360万円の売上をあげ、費用が年間240万円で利益が120万円の会社があったとします。売上も費用もすべて現金取引だったとすれば、いま会社には120万円の現金があります。PLの利益がBSの利益剰余金とつながっているので、BSの右側は、自社で稼いできたお金が利益剰余金として120万円積み上がっています。それは現金の形で会社の中にありますから、BSの左側は現金が120万円になっています（ここでは資本金などは無視しています）。

間接法CSはPLの利益を起点にして現金の額を計算するものですが、ここではすべて現金取引なので利益の120万円がそのまま現金残高の120万円になっていて、そ

図表4-6　簡単にPLとBSとCSで表した図

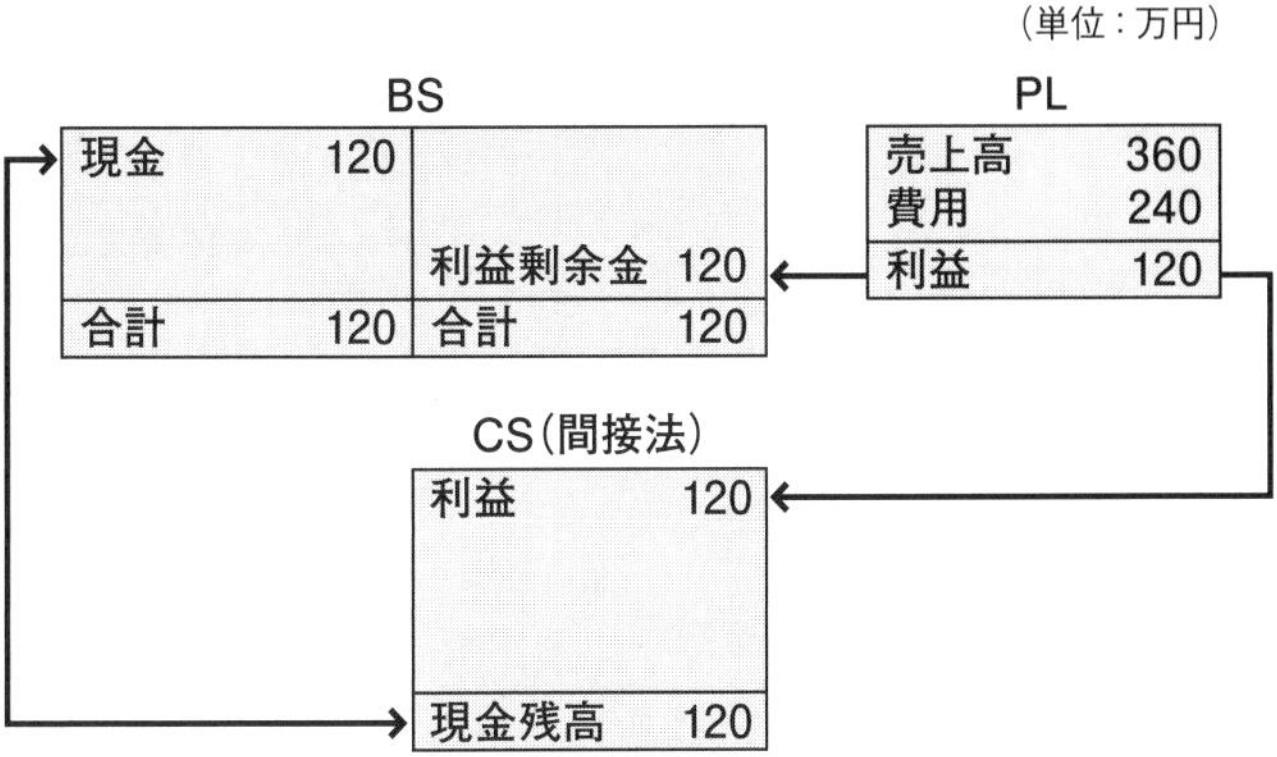

れがＢＳの現金１２０万円と一致しています。

ここで、全く同じ商売をしている別の会社で、売上も利益も同じですが年間の売上高の３６０万円のうち、３カ月分にあたる90万円の代金が期末にまだ回収されていない会社のことを考えてみましょう。他の売上や費用は、すべて現金取引だったとします。

次のページの**図表４－７**をご覧ください。ＰＬはその期の正しい利益を計算する表ですから、売掛による90万円の売上もその期に計上され、利益は１２０万円のままです。

しかし、売掛金の90万円はまだ回収されていないので、現金商売の会社に比べて保有している現金は90万円少なくなり、ＢＳの左側の現金

図表4-7　売掛金がある場合のPLとBSとCS

（単位：万円）

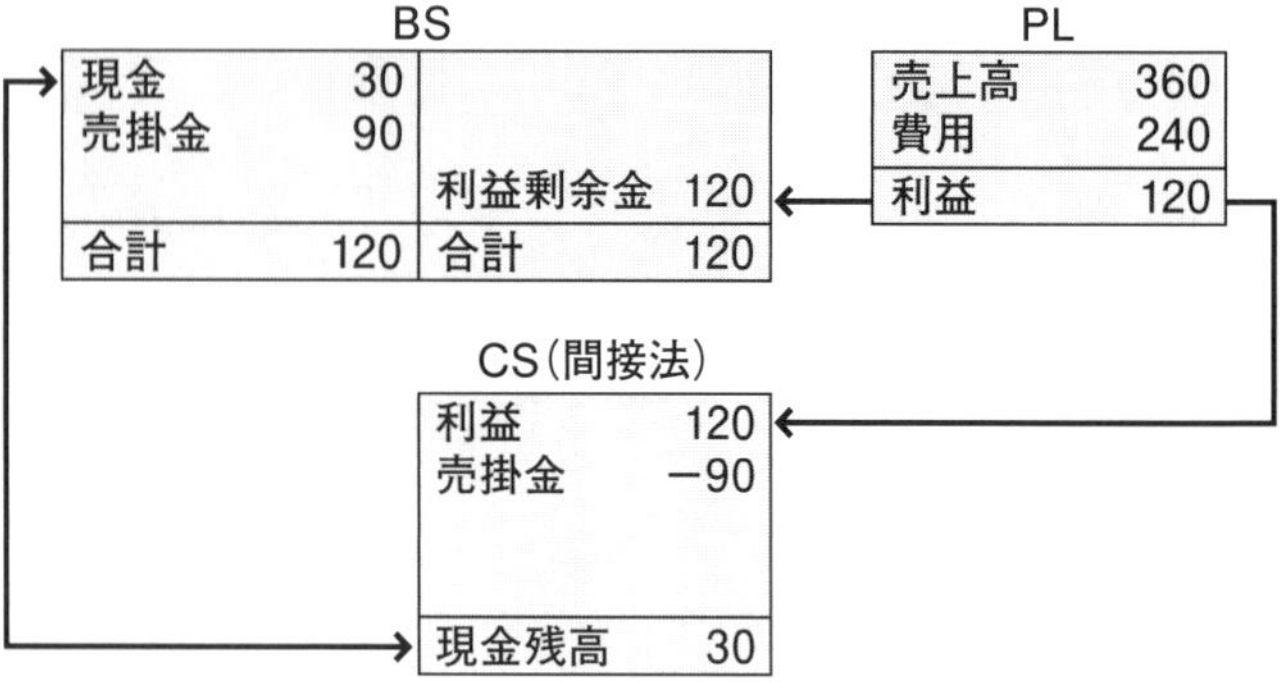

BS
現金 30
売掛金 90
利益剰余金 120
合計 120
合計 120
PL
売上高 360
費用 240
利益 120
CS（間接法）
利益 120
売掛金 −90
現金残高 30

は30万円になっています。そして、まだ回収されていない売掛金の90万円がBSの左側に資産として計上されています。

間接法CSにも、この現金の動きが表されています。間接法CSは、PLの利益額を起点にして実際の現金の動きを計算する表です。もし、PLの売上高の３６０万円と費用の２４０万円がすべて現金取引であれば、この会社には現金が１２０万円（＝３６０万円－２４０万円）あることになります。しかし、今回は売掛金の90万円はまだ回収されていないわけですから、すべて現金取引の会社に比べて現金は90万円分少なくなっているはずです。

このことが間接法CSに表されています。利益額の120万円を起点にして、現金がまだ回収されていない売掛金分の90万円を引き戻すことにより、この会社の現在の現金が30万円であることが計算されているのです。これが間接法CSにおいて、売掛金（売上債権）が増えればマイナスの数字が記入される理由です。

このことからわかるように、売掛金の回収期間が長くなれば会社の現金は少なくなります。逆に、売掛金の回収期間を短くすれば、会社の現金は増えてくるのです。

もし、この会社の売掛金の回収期間が3カ月ではなく2カ月になれば、期末時点で回収していない3カ月分の売掛金90万円は、2カ月分の60万円だけになります。回収期間が1カ月減れば、現金は30万円増えるのです。これを表しているのが次のページの**図表4－8**です。

図表4－7と図表4－8を見比べながら読み進めてください。売掛金の回収期間が変化してもPLに変化はありません。BSは、3カ月分の売掛金90万円が2カ月分の60万円になっています。売掛金の回収期間が1カ月短くなったことにより、BSの現金は30万円から60万円に30万円増えています。CSは、利益の120万円を起点にして、現金

図表 4-8
売掛金の回収期間が短くなった場合のPLとBSとCS

（単位：万円）

BS

現金	60		
売掛金	60		
		利益剰余金	120
合計	120	合計	120

PL

売上高	360
費用	240
利益	120

CS（間接法）

利益	120
売掛金	−60
現金残高	60

が回収されていない3カ月分の売掛金90万円が引き戻されていたのが、2カ月分の60万円だけが引き戻された形になっています。

買掛金は、逆に考えればよいわけです。当期に仕入れた費用は、現金の支払いがあろうがなかろうがPLには計上します。ただ、例えば2カ月分の仕入代金が後払いでよいのなら、仕入をすべて現金取引にしている会社より、その期における現金の支払額は2カ月分少なくて済みます。つまり買掛金が増えれば増えるほど、現金商売に比べれば会社に現金が残っていくことになるのです。

図表4－8と同じように2カ月分の売掛のある会社の例で、年間240万円の仕入がす

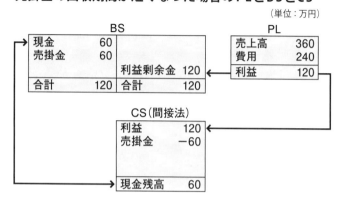

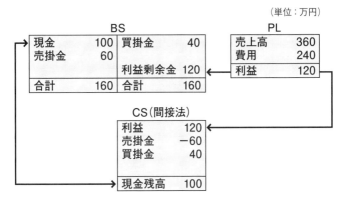

図表4-9　買掛金がある場合のPLとBSとCS

（単位：万円）

BS

現金	100	買掛金	40
売掛金	60		
		利益剰余金	120
合計	160	合計	160

PL

売上高	360
費用	240
利益	120

CS（間接法）

利益	120
売掛金	−60
買掛金	40
現金残高	100

べて現金仕入ではなく、2カ月分の40万円分だけ買掛の仕入であった場合を示したのが**図表4－9**です。

図表4－8と比べると、BSの右側に買掛金が40万円計上され、BSの左側は現金が40万円増えて100万円になっています。PLは現金仕入であろうが買掛の仕入であろうが費用に変化はありませんから、利益も変化ありません。

ただ間接法CSの方は、この変化がない利益を起点にして、現金取引の商売と比べてまだ仕入代金の40万円を支払っていないわけですから、買掛金分の40万円を足し戻しておかなければなりません。これが間接法CSで、買掛金（仕入債務）が増えればその分だけを足し戻す理由なのです。

在庫はどう考えればよいでしょうか。これは、在庫を持たずに商売をしている会社と比べればわかります。例えば、仕入先がすぐ隣にあるなどの理由で在庫をぜんぜん持たずに、年間360万円の売上と120万円の利益をあげている会社があるとします。

全く同じ商売をしている別の会社は、仕入先が離れているために、どうしても自社で在庫を抱えておく必要があるとします。同じ売上と利益の会社でも、在庫を抱えれば抱えるほど現金は少なくなります。

例えば、年間の仕入商品240万円の1カ月分（20万円分）を在庫として持っておかなければならない場合、在庫商品の仕入代金として現金が20万円出ていくわけです。これを示しているのが**図表4－10**です。

PLは全く変化していません。BSの左側は現金が100万円から80万円に20万円減って、在庫が新たに20万円計上されています。

間接法CSは、変化していない120万円の利益を起点にして、在庫調達分の20万円の現金が少なくなったことが表されていなければなりません。そのためには20万円を差

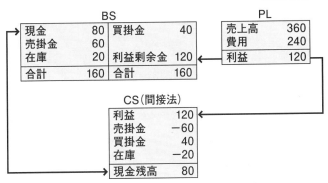

図表4-10　在庫を持った場合のPLとBSとCS

（単位：万円）

BS

現金	80	買掛金	40
売掛金	60		
在庫	20	利益剰余金	120
合計	160	合計	160

PL

売上高	360
費用	240
利益	120

CS（間接法）

利益	120
売掛金	−60
買掛金	40
在庫	−20
現金残高	80

し引いておく必要があります。これが間接法CSで在庫（棚卸資産）が増えればマイナスで数字が記入される理由です。

以上のように、同じ商売を行っていても売掛や在庫が多ければ現金は減り、買掛が多ければ現金は増えるわけです。つまり、キャッシュフローを改善させるためには、売掛金の回収期間を短くし、不要な在庫を減らし、買掛金の支払期間を長くしていけばよいわけです。

ただ現実的には、自社のキャッシュフローを改善するために、自社の都合だけでやみくもに買掛金の支払期間を長くすることは取引先の不評を買うことになるかもしれません。経営改善のために行った買掛金の支払期間の延長が、結局はビジネスで一番大切な信用を失うことにつながってしまえば、それこそ元も子もありません。

（4）オリンパスの粉飾決算における複雑な現金の動き

ここからはキャッシュフロー・マネジメントの話ではありませんが、キャッシュの重要性ということで粉飾決算の手口の解明について説明します。122ページで「現金こそが事実であり実態なのです」と言いましたが、現金はウソをつきません。粉飾決算も現金の動きを丁寧に追うことによりその手口が明らかになります。

読者のみなさんはもう覚えていないかもしれませんが、オリンパスの粉飾決算が世間を騒がせたことがありました。2011年12月6日付の第三者委員会の調査報告書（以下「報告書」と呼びます。なお、この報告書はオリンパス株式会社のホームページ https://www.olympus.co.jp/jp/info/2011b/if111206corpj.htmlからダウンロードできます）によれば、粉飾の方法と粉飾のための現金の動きは極めて複雑です。

ただ、粉飾の目的とその方法を簡単に言えば、株式投資などの財テクの失敗による巨額の損失（「報告書」によれば、1990年代後半には約1000億円の含み損があったとされています）を隠すために、損失分離とその分離した損失を解消するための操作が行われたということです。

詳細な内容は「報告書」をご覧いただく必要がありますが、この一連の粉飾の基本的な仕組み自体は『新版 財務3表一体理解法 発展編』をお読みいただいている方なら理解可能です。

ただ、時価会計、減損会計、「のれん」などの会計処理がわからないと、これから説明する内容は理解できませんので、ずっと昔にお読みになった方はもう一度それらの内容を確認しておいてください。逆に、これからの内容を少し読んでみて「難しい」と感じる方は読み飛ばしていただいても構いません。これからの内容が理解できなくても管理会計は理解できます。

では、オリンパスの粉飾の仕組みを簡単に説明しましょう。オリンパスが財テクを始めた1985年頃は、金融資産の会計処理は取得原価主義でした。つまり、株式などの時価が変動しようと、財務諸表上には取得価額を記載しておけばよかったのです。その後、時価主義の考え方が取り入れられていったのですが、時価評価になれば金融資産の評価損が表面化してきます。

金融資産の時価評価による損失を隠すために、オリンパスは連結決算の対象とならない受け皿ファンドを海外に創設し、含み損を持つ金融商品をこの受け皿ファンドに簿価(含み損を考慮しない取得原価のまま)で買い取らせました。

しかし、簿価で買い取るには、受け皿ファンドは巨額の現金を準備しなければなりません。1000億円の含み損があるということは、仮に保有している金融資産の時価が「0」にまで下落していたとしても、簿価は1000億円あるわけですから、これを買い取るには1000億円の資金が必要になります。

オリンパスはこの資金を受け皿ファンドに流すために、海外の銀行に巨額の預金をし、その預金を担保にしてその銀行から受け皿ファンドに融資(口座担保貸付)させていました。こうすれば、オリンパスが直接受け皿ファンドにお金を流したことにはならなくなります。

1999年3月期のオリンパスの現金及び預金は約850億円。当時の売上高が約4000億円ですから、月商の約2・5カ月分の現金を持っていたわけです。日本の大手電機メーカーの現金及び預金はだいたい月商の1カ月から1・5カ月程度ですから、オリンパスの現金保有額はかなり多めです。オリンパスがかなり多めの現金を保有しておかなければならなかった理由が、この損失隠しの仕組みにあったのです。

また、この資金の流れ以外にもオリンパスは、2000年にオリンパス自身が事業投資ファンドを作り、その事業投資ファンドから受け皿ファンドに資金を流していました。2000年3月期のオリンパスのBSには、それまでなかった300億円の出資金が突然表れます。

損失隠しのための準備の仕組みを図にしておきましょう。実際の仕組みとお金の動きはかなり複雑です。これから示す図表は、オリンパスの粉飾の基本的な仕組みを理解するための概略図であり、図表の中の数字も実際のお金の流れとは一致していません。実際の仕組みとお金の流れを知りたい方は「報告書」をお読みください。

次のページの**図表4－11**のように、オリンパスと受け皿ファンドの間に海外銀行と事

図表4－11
受け皿ファンドの組成による損失隠しの準備

（単位：億円）

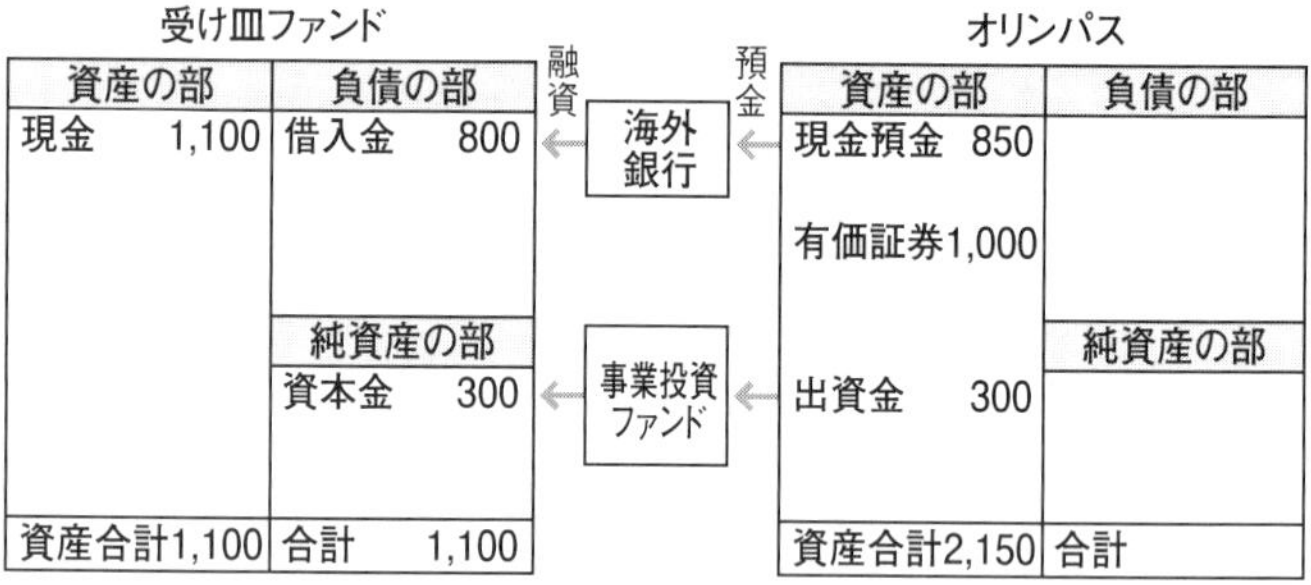

業投資ファンドをかませることにより、海外銀行からの融資として８００億円、事業投資ファンドからの出資として３００億円、合計で１１００億円のお金が間接的に受け皿ファンドへつぎ込まれていました。これで含み損のある有価証券を分離する準備が整いました。

図表４－11のオリンパスのＢＳの中にある有価証券１０００億円は、すでに価値が下がっていて実際にはもうほとんど価値がない状態になっていたと考えてください。

実際には価値のないこの帳簿上１０００億円の有価証券を、１０００億円のまま受け皿ファンドが買い取ります。それが**図表４－12**です。このように、含み損を表面化させないために他の会社

図表 4-12
飛ばしによる含み損の分離

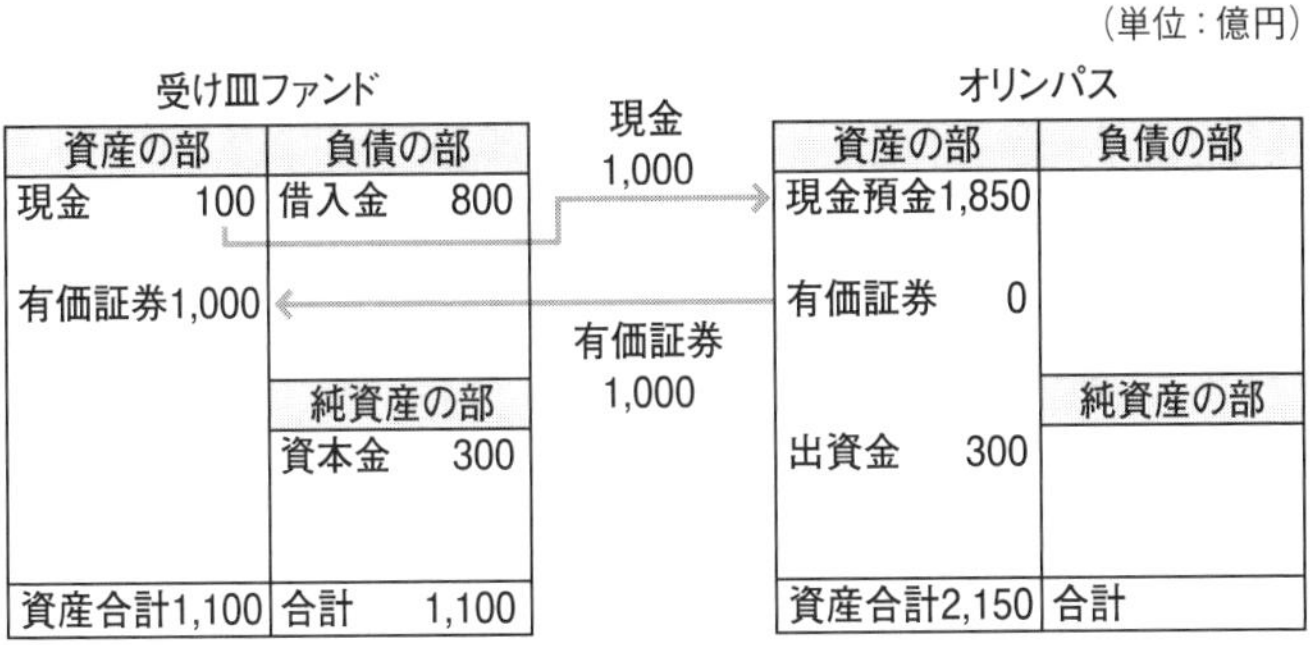

資産の部		負債の部	
現金	100	借入金	800
有価証券	1,000		
		純資産の部	
		資本金	300
資産合計	1,100	合計	1,100

オリンパス

資産の部		負債の部	
現金預金	1,850		
有価証券	0		
		純資産の部	
出資金	300		
資産合計	2,150	合計	

に転売する方法を証券業界では「飛ばし」と言います。

これで話が終わればいいのですが、そうはいきません。受け皿ファンドに海外銀行から融資してもらった８００億円は返済しなければなりません。しかし、受け皿ファンドには返済のための充分なお金はありません。受け皿ファンドのＢＳを時価会計を適用した形で作り直すと、次のページの**図表4-13**のようになります。

有価証券は、帳簿上１０００億円のものが現実には50億円だったと仮定してください。９５０億円の含み損があったということになります。短期の売り買いで利ザヤを稼ごうとする売買目的有価証券の評価損はＰＬの有価証券評価損に計上され、その額（今回の場合は950億円）だけ利益を圧縮し、それがBSの利益剰余金とつながっているので、今回の場合はBSの利益剰余金が950億円押し下げられた形にしています。

この受け皿ファンドは800億円の借金を返済しなければなりませんが、現金は100億円しかありません。また、2007年には受け皿ファンドを連結決算に組み込むことが必要になり、損失隠しが露見する危険性が出てきました。

図表4-13
時価会計を適用した受け皿ファンドのBS

（単位：億円）

受け皿ファンド

資産の部		負債の部	
現金	100	借入金	800
有価証券	50		
		純資産の部	
		資本金	300
		利益剰余金△	950
資産合計	150	負債純資産合計	150

そこでオリンパスが考えたのが、損失隠し全体の仕組みを解消するためのM&Aを活用した方法です。

この損失解消の仕組みも、実際には多くの会社が登場し、いくつもの方法が組み合わされているのですが、ここでは話を簡単にして、これまで説明してきた受け皿ファンドだけを使って概念的に説明します。

この受け皿ファンドは、３つの会社の株を安い価格で購入していました。この株をオリンパスが極端に高額な値段で購入し、受け皿ファンドにお金を流す方法を考えたのです。

例えば、この受け皿ファンドが３つの会社の株を総額10億円で購入しその株を保有していたとすると、図表４－13の受け皿ファンドのＢＳは**図表４－14**のようになります。

図表 4－14
受け皿ファンドによる株の取得

（単位：億円）

受け皿ファンド

資産の部		負債の部	
現金	90	借入金	800
有価証券	50		
		純資産の部	
		資本金	300
株式	10	利益剰余金	△ 950
資産合計	150	負債純資産合計	150

次に、この10億円の価値しかない株式をオリンパスが８００億円で買い取ったとすると、受け皿ファンドのＢＳとオリンパスのＢＳは次のページの**図表４－15**のようになります。図の右側のオリンパスのＢＳは、１４７ページの図表４－12からの変化だと考えてください。

株の購入代金として現金８００億円が、オリンパスから受け皿ファンドへ動きます。一方、受け皿ファンドの株式10億円はオリンパスに移

図表4−15
極端な高額での株式の買い取り

（単位：億円）

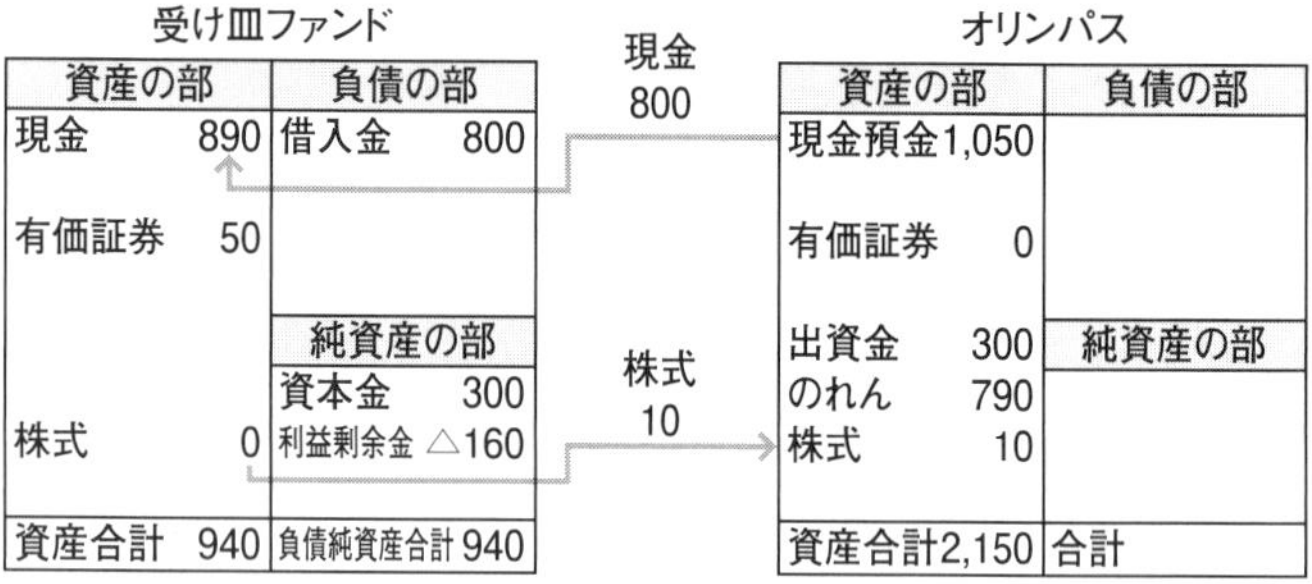

資産の部		負債の部	
現金	890	借入金	800
有価証券	50		
		純資産の部	
		資本金	300
株式	0	利益剰余金	△160
資産合計	940	負債純資産合計	940

資産の部		負債の部	
現金預金	1,050		
有価証券	0		
出資金	300	純資産の部	
のれん	790		
株式	10		
資産合計	2,150	合計	

ります。資産価値10億円しかない株式を800億円で買った場合、その差額790億円は「のれん」としてオリンパスのBSに計上されます。[*22]

ちなみに、受け皿ファンドのBSの利益剰余金はもともと△950億円でしたが、今回10億円の株を800億円で売却したため特別利益が790億円出て、△160億円（＝△950億円＋790億円）になっています。これで受け皿ファンドは、借金返済のための現金を確保できたことになります。

しかし、オリンパスが買収した3社の「のれん」の資産価値が実態と大幅にかけ離れていると監査法人から指摘され、オリンパスは2009年3月期にこの「のれん」について約550億円の減損処理を行いました。

これら一連の損失分離と損失解消の流れをまとめていえば、1990年代の約1000億円の財テクによる含み損を隠すために飛ばしを行い、それを解消するために現実の価値とはかけ離れたM&Aを行った。そして、そのことが新しい外国人社長に指摘されて明るみに出たということになります。

会社の損益の観点からいえば、1000億円の含み損を隠すために10年以上にわたって行われた巧妙な粉飾のしかけが、2009年3月期に約550億円の「のれん」の減損という損失で表れたということになります。実際2009年3月期のオリンパスの当期純損失は「のれん」の減損などの特別損失の影響で1000億円を超えています。

そうであれば、1990年代に有価証券の評価損をちゃんと報告し赤字を出しておけば、それで済んだ話ではないかと読者の方は思われるかもしれません。

それはそうなのですが、オリンパスの1990年の売上は2000億円程度、199

*22 単に株式を購入しただけでは通常「のれん」は発生しません。「報告書」によればオリンパスは当該3社を連結対象にしたようです。仮に連結対象でなかった場合、「のれん」ではなく関係会社株式の減損というかたちで計上されます。

0年代後半でも4000億円程度です。この売上規模のときに財テクで1000億円の損失は確かに大きな話です。

その後、オリンパスの売上は増え、2008年3月期には過去最高の1兆1000億円の売上高を計上しています。

もし、現実の価値とはかけ離れたM&Aが監査法人から指摘されなかったとすれば、約800億円の「のれん」は長期にわたって償却していくことになります。「のれん」の償却期間は20年以内の適切な期間となっていますので、約800億円の「のれん」を20年で償却できていれば年間の償却額は40億円です。

2000億円から4000億円規模の売上高のときに1000億円の損失を出すのと、1兆円規模の売上高で40億円規模の償却額とでは、どちらのインパクトが大きいかは明白です。

今回の粉飾の例でおわかりいただいたように、財務諸表は会計のルールがしっかり適用され、事業活動の説明にはそれに伴う現金の実態が必要です。今回の捜査も、現金の動きを丹念に追っていくことから粉飾の全体像を解明していったものと思われます。

6

誰が正しいかより何が正しいか

オリンパスの粉飾の仕組みづくりの中核を担ったのは、粉飾発覚前の常勤監査役と同じく粉飾発覚前の副社長の2人だとされています。ただ、オリンパスで財テクが始まった1985年頃、この常勤監査役は経理部資金グループの係長で、もう一人の副社長はこの係長の部下だったようです。オリンパスの粉飾に関し、私はこの2人に同情の念を禁じえません。

昭和の日本における会社は、江戸時代における藩のようなものでした。今回の件は、お家の一大事が世に出てお家お取り潰しにならないよう、藩主から若い家来が密命を帯びたようなものでしょう。2人が私利私欲のために粉飾をしていたのなら許しようがないかもしれませんが、人生を犠牲にしてオリンパスのために、だれにも打ち明けることができない裏の仕事を担っていたのであれば、気の毒としか言いようがありません。

今回の件でも、私の頭にはドラッカーの言葉が浮かびました。ドラッカーは、マネジャーの仕事はだれでも学ぶことができるが、マネジャーがどうしても身につけていなければならない資質が一つだけある、それは「才能ではない。真摯さである」[*23]と言います。この「真摯さ」は、前後の文脈からいって原書では“integrity of character”[*24]であることは間違いありません。

“integrity”という単語は、一般的には「高潔」「誠実」「整合性」などと日本語に訳されますが、根底には「道義心の堅固さ」という意味合いがある言葉です。ただ、道義心をもっているだけではダメで、その道義心が実践されていなければ“integrity”のある人とは言われません。ですので、“integrity”は「言行一致」とか「知行合一」などと訳されている場合もあります。

ドラッカー自身は“integrity”を定義するのは難しいと言います。ただ、“integrity”が欠如する人物の例を挙げるのは難しくないと言い、一例として「何が正しいかよりも、誰が正しいかに関心をもつ者」[*25]を挙げています。そして、そういう人間をマネジャーにすべきではないと言います。

そしてドラッカーは、「知識がさしてなく、仕事ぶりもお粗末であって判断力や行動力が欠如していても、マネジメントの人間として無害なことがある。しかし、いかに知識があり、聡明であって、上手に仕事をこなしても、真摯さに欠ける者は組織を破壊する。組織にとって最も重要な資源である人を破壊する。組織の精神を損なう。成果を損なう。このことは、特にトップマネジメントについていえる。しかも、組織の精神はトップで形成される[*26]」と言うのです。

最近の企業の不祥事を見ても、トップマネジメントが「何が正しいかより誰が正しいか」をベースに経営をしている場合、組織が破壊されることになったと思います。ドラッカーの言うとおりです。

ただ、組織に勤める人が組織や上司の指示に従わなければ組織にいられなくなる危険性もあります。「正義は高くつく」という言葉があるように、正義の代償は大きいということかもしれません。

しかしそれでもなお、ビジネスに携わる人はだれも、企業人としてまた一人の人間

＊23 『マネジメント 課題、責任、実践』P・F・ドラッカー著、上田惇生訳（ダイヤモンド社）
＊24 Peter F. Drucker "Management: Tasks, Responsibilities, Practices" Collins Business
＊25 『マネジメント 課題、責任、実践』P・F・ドラッカー著、上田惇生訳（ダイヤモンド社）
＊26 『マネジメント 課題、責任、実践』P・F・ドラッカー著、上田惇生訳（ダイヤモンド社）

として、常に「誰が正しいかより何が正しいか」を考えておく必要があるのだと思います。

第5章　「投資」と「リターン」で事業を見る（投資評価の方法）

(1)「売上」と「利益」より大切なもの

これまで、利益やキャッシュを中心に説明してきましたが、この第5章では、「投資」と「リターン」の考え方について説明します。財務3表でいえばBSに関するところです。

ビジネスを行う人にとって「売上」と「利益」は大切ですが、それよりもっと大切なのは「投資」と「リターン」という考え方です。企業における担当者と経営者の視座の違いの一つは、担当者がビジネスを「売上」と「利益」で見ているのに対して、経営者はビジネスを「投資」と「リターン」で見ていることでしょう。つまり、経営者はPLとBSを同時に見ているということです。

「売上」と「利益」というのは、事業全体のプロセスである お金を集める → 投資する → 利益をあげる という活動のほんの一部でしかありません。もちろん、売上を増やす工夫や費用を減らす努力はとても大切です。しかし、ビジネスは「投資」と「リターン」で成否が決定するという面もあります。

私はサラリーマン時代、鉄鋼会社で働いていました。日本の鉄鋼会社における生産性や品質をあげる工夫や努力は、世界の製造業の中でもトップレベルだと思います。しかし、鉄鋼事業の生産性や品質は、どのような設備レイアウトでどのような装置を導入しているかによって決定してしまう側面があります。

飲食業でもそうです。飲食業の成否は、料理の味や接客サービスの質などで決まります。ただ一方で、どんな内装や外装のお店なのか、またどこに立地しているのかで勝負がついている場合も少なくありません。

日々の事業活動と投資のどちらが大切なのかは簡単には言えません。ただ、日々の事業活動と投資の間には大きな違いがあります。それは、投資は一度意思決定をすると途中で方向性を簡単に変えられないということです。日々の事業活動は「とにかくやってみよう。ダメなら変えればいいじゃないか」ということで進めることができますが、投資は「とにかくやってみよう」では済まされない結果を招く恐れがあります。ですから、ビジネスにおける「投資」は慎重に行う必要があるのです。

（2）投資評価は利益ではなくキャッシュフローで考える

この慎重に行わなければならない投資は、どのように考えていけばよいのでしょうか。大きな投資をして大きなリターンが期待できるものと、小さな投資をして小さなリターンしか期待できないものがあります。同じ投資をしても、短期間のうちに大きなリターンが期待できるものもあれば、小さなリターンが長く継続するものもあります。はたまた、同じ投資といっても、工場に投資してリターンを期待する場合もあるでしょうし、株式などの金融商品に投資してリターンを期待する場合もあるでしょう。これら種類の異なるさまざまな投資案件を、どのように評価していけばよいのでしょうか。

ここでも、すべての投資案件を貨幣価値を伴う数字にして評価していきます。数字を使うことで数学モデルが使え、実際の投資を行わなくても将来のことをシミュレーションすることができます。

当然、投資評価は「投資」と「リターン」の関係で行われるわけですが、ここでの「リターン」は一般的に利益ではありません。ＲＯＥを計算するときのリターンは「当期純利益」でしたが、投資評価の際の「リターン」は利益ではなく現金収支、すなわちキャッシュフローを意味するのが一般的です。

なぜ利益ではなく、キャッシュフローなのでしょうか。すでに説明したように、利益という概念は、ある一定の期間の業績を正しく表すために必要でした。しかし、設備投資のような投資案件は、その効果が長期に及びます。また、期間利益を正しく計算するために必要だった売掛金や買掛金といった概念も、少し長い期間で考えれば最終的に現金の取引になります。

そういう意味から、投資案件のような長い期間の効果を考える場合には、人為的に区切られた会計期間で考える必要はなく、現金の動きで判断してもよいのです。

ただし、事業の投資評価を行う場合は、法人税のことも考慮しておかなければなりません。法人税の計算は人為的に区切られた会計期間をベースに考える必要があります。この辺りについて詳しく知りたい方は、『できる人になるための「財務３表」』（中央経済社）をご参照ください。

(3)「現在価値」という考え方

長期的な投資評価をする際に、例えば現時点で1億円の投資をして、将来その投資が2億円の現金を生み出したとすれば、投資は成功したと考えてよいのでしょうか。実はそう簡単ではありません。

投資評価について説明するうえで、まず理解しておいていただきたいのが「現在価値」という考え方です。難しい話ではありません。「現在の1万円の価値は1年後の1万円の価値とは違いますよ」ということです。

今あなたが100万円を持っていて、それを定期預金に預けたとします。年間の利率が5％だったとすれば、現在の100万円は1年後には105万円になっています。つまり、現在の100万円は1年後の105万円と同じ価値だというわけです。計算式で表せば、100×1・05＝105です（図表5-1）。

では、1年後の100万円を現在の価値に直せばいくらでしょう。1年後の100万

図表5-1　現在価値の計算

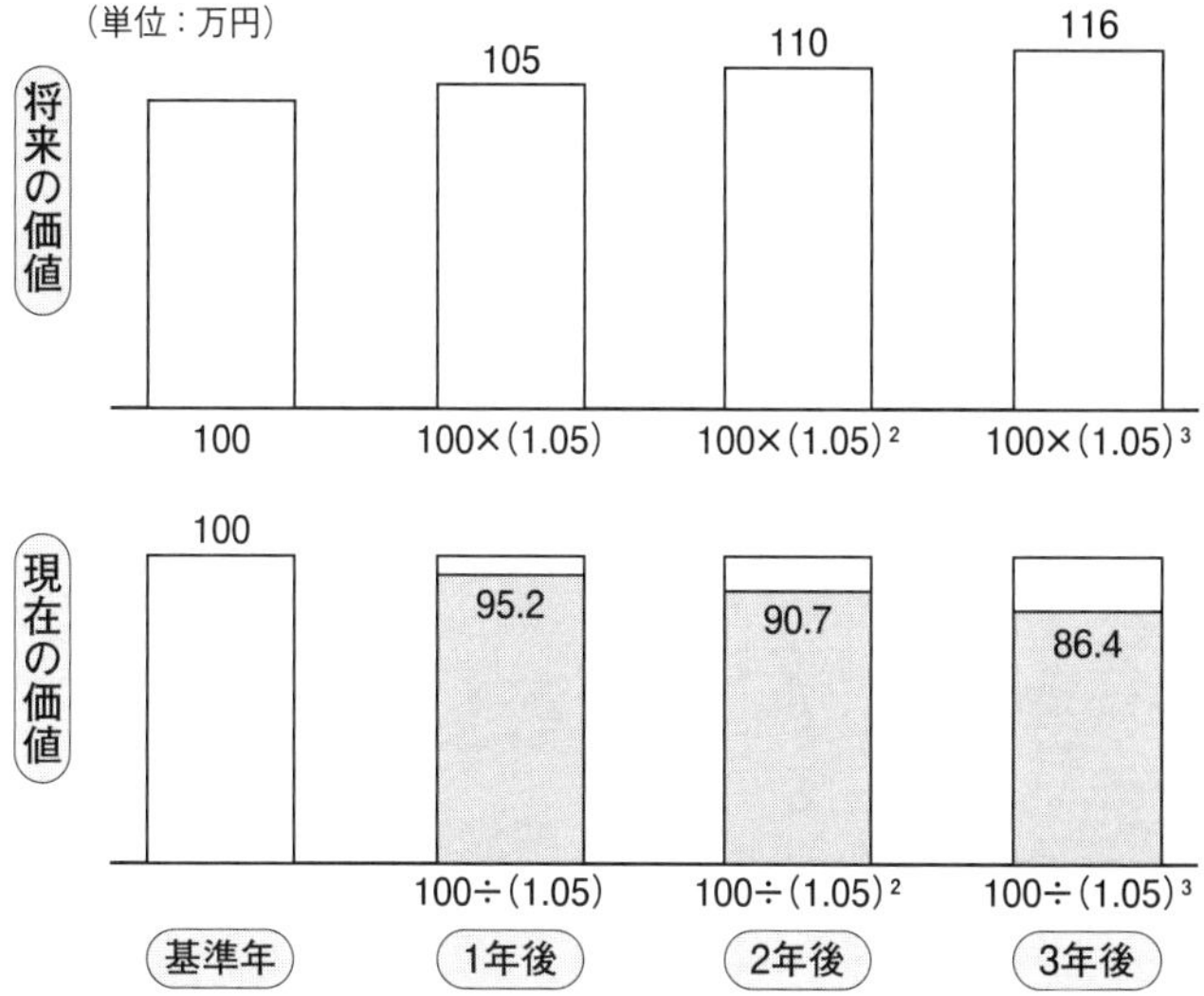

円の現在の価値をCとすれば計算式はC×1・05＝100となります。このCを求めるにはC＝100÷1・05となります。100を1・05で割り戻せばいいわけですね。100÷1・05≒95・2。つまり、1年後の100万円は現在の価値でいえば約95万2000円だということです。

では、現在の100万円は2年後にはいくらになっているでしょう。現在の100万円は1年後に100×1・05になり、それがさらにその1年後に1・05倍になる

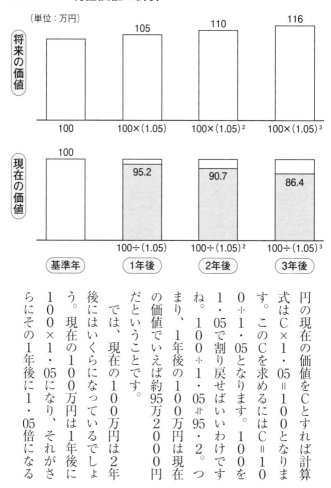

のですから、計算式で表せば100×1・05×1・05≒110ですね。つまり、現在の100万円は2年後の110万円とほぼ同じ価値だということです。ということは、2年後の100万円を現在の価値に直すには1・05の2乗で割り戻しておけばよいということになります。つまり、2年後の100万円は現在の価値に直せば約90・7万円、つまり約90万7000円になるわけです。この現在の価値を計算するときの利率を割引率と言います。

(4) 投資評価の方法

投資評価の方法を具体的な例で説明していきましょう。**図表5－2**をご覧ください。投資案件A、B、Cの3つを例にとっています。3案件ともに初年度100万円の投資をするとします。年度「0」の欄に、それぞれマイナス100万円が入っています。これは初年度に100万円が投資されたということを意味しています。

投資案件Aは、毎年5万円ずつキャッシュが入ってきて、5年目に105万円入って

図表5-2　投資評価の例

（単位：万円）

案件＼年度	0	1	2	3	4	5	合計	回収期間	IRR
投資案件A	−100	5	5	5	5	105	125	4.8年	5.0%
投資案件B	−100	25	25	25	25	25	125	4年	7.9%
投資案件C	−100	50	25	15	10	25	125	4年	9.9%

くる案件です。利率5％の定期預金に預けて毎年利息だけを引き出し、5年目に元金の100万円が戻ってくるような投資案件です。投資案件Bは、毎年25万円のリターンが5年間継続的にある案件です。最後の投資案件Cは1年目に50万円、2年目に25万円というように、期が早いうちに比較的大きなリターンが期待できるものです。ただし、最終の5年目には25万円のリターンがあります。

これら3つの投資案件を比較すると、どれも100万円投資して5年間合計で125万円のリターンがあります。投資とリターンという意味では、3つとも5年間で同じリターンが期待できる案件といえます。

多くの企業が投資評価に使っている「回収期間法」という投資評価法を説明しましょう。これは100万円の投資を回収するのにどれくらいの期間がかかるかというものです。回収期間が短ければ短いほど効率がよいと言えます。

回収期間法でいえば、投資案件Bと投資案件Cは同じ4年です。4年で投資した100万円を回収しているわけです。投資案件Aは最初の4年間で20万円しか回収できていません。この投資案件Aが定期預金のような投資で、5期目の期末に105万円が入ってくるなら投資案件Aの回収期間は5年になります。

ただ、ここでは定期預金とは違って5期目の1年間にわたって継続的に一定のリターンがあり、5期目の1年間合計で105万円のリターンがあると仮定しましょう。その場合の回収期間は5年目のどこかにきます。

投資した100万円のうち、最初の4年間で20万円（＝5万円×4年）をすでに回収しているわけですから、残りの80万円（100万円－20万円）を5年目の回収額105万円で割ると約0・8になるので回収期間4・8年となります。

したがって、回収期間法を用いれば投資案件Aより投資案件BやCの方が効率のよい投資といえます。

では、リターンの総額も回収期間も同じ投資案件Bと投資案件Cは、同じ価値の投資案件になるのでしょうか。ここで「現在価値」という考え方を使います。投資案件Bの

図表5-3 IRRの計算式

（単位：万円）

最初の投資額	1年目のリターンの現在価値	2年目のリターンの現在価値	3年目のリターンの現在価値	4年目のリターンの現在価値	5年目のリターンの現在価値

$$100 = 50 \div (1+r) + 25 \div (1+r)^2 + 15 \div (1+r)^3 + 10 \div (1+r)^4 + 25 \div (1+r)^5$$

1年目から5年目までのリターンの現在価値の合計と、投資案件Cの1年目から5年目までのリターンの現在価値の合計は異なります。

この現在価値という考え方を使った投資評価の方法に、IRRというものがあります。IRRは"Internal Rate of Return"の略で、日本語では「内部収益率」と呼ばれています。IRRは、投資額とその投資に伴うリターンの現在価値の総額が同じになる割引率を計算して求めます。この割引率をrとしておきましょう。

難しい話ではありません。例えば、投資案件CのIRRは**図表5-3**の一番下にある式を解けば求まります。

この式は最初の投資額が100万円であることを意味しています。そして、この投資に伴う1年目のリターン50万円の現在価値は50万円を（1+r）で割る、次に2年目の25万円のリターンの現在価値は25万円を（1＋r）の2乗で割るというように、各年度のリターンの現在価値を順次加えていき、その合計が最初の投資額の100万円と一致するという計算式です。

この式を解くと、rは0・099、つまり9・9％になります。同じように投資案件BのIRRを計算すると7・9％になります。このIRRというのは投資案件の利率のようなものです。利率（割引率）が大きければ大きいほど、リターンが大きくなります。逆に言えば、投資のリターンが大きければ大きいほど、利率（割引率）も大きくなるのです。

ちなみに、このIRRの数値は、表計算ソフトのエクセルで関数を使えば簡単に計算できます。**図表5－4**のように、エクセルの上部にあるタブで「数式」を選び、次に左上の「fx（関数の挿入）」を選ぶと図の中央にあるような「関数の挿入」という窓が表れます。この中で関数名「IRR」を選べば、後はIRRの数値を計算するための範囲を指定する窓が表れます。

例えば、165ページの図表5－2のような表をエクセルで作っておき、投資案件C

図表 5-4
表計算ソフトのエクセルによるIRRの計算方法

のＩＲＲを計算するなら、投資案件Ｃの０年目から５年目のリターンである「－１００、50、25、15、10、25」の６つのセルを範囲指定すれば瞬時にＩＲＲが計算されます。

話を元に戻しましょう。ＩＲＲという考え方を使えば、リターンの総額も回収期間も同じだった投資案件Ｂと投資案件Ｃですが、実は投資案件Ｃの方が効率のよい投資であるということがわかります。

ＩＲＲは投資案件の利率のようなものですから、あるお金を事業に投資するのがよいのか、それとも定期預金のような金融商品に投資しておくのがよいのかといった、全く異なる種類の投資案件の投資効率を同じＩＲＲという収益率で比較できるのです。

(5) 企業価値評価の方法

投資案件の一形態としてＭ＆Ａがあります。Ｍ＆Ａは"Merger and Acquisition"の略で、企業の合併（Merger）と買収（Acquisition）のことです。ちなみに私のサラリーマン時代の最後の３年間は、このＭ＆Ａが主な仕事でした。

企業のM&Aを考えるとき、対象となる会社をいくらで買えばよいのかという問題が出てきます。会社の値段はどうやって決めればよいのでしょう。買収対象が上場企業であれば、その時点の株価×発行済み株式数が企業の価値ということになります。

では、上場していない会社の価値はどのように評価すればよいのでしょうか。はたまた、会社の一つの事業部門を分割して買収する場合はどのように値段を決めればよいのでしょうか。私がサラリーマン時代に担当していたM&A案件は、企業を事業部門別、さらには地域別に分割して買収するものでしたので、それらの値段の決め方はとても難しいものでした。

実は会社の値段の決め方には、いくつもの方法があります。代表的な方法を次のページの**図表5－5**にまとめておきました。

企業価値の評価方法は大きく静態的価値評価と動態的価値評価の2つに分かれます。読んで字のごとく、動きのない現在もしくは過去の情報をもとに評価するものと、将来の動きを予測して評価するものです。

静態的価値評価は、資産価値測定・市場価値測定・時価総額測定の3つに分かれます。

図表5-5　会社の値段の決め方

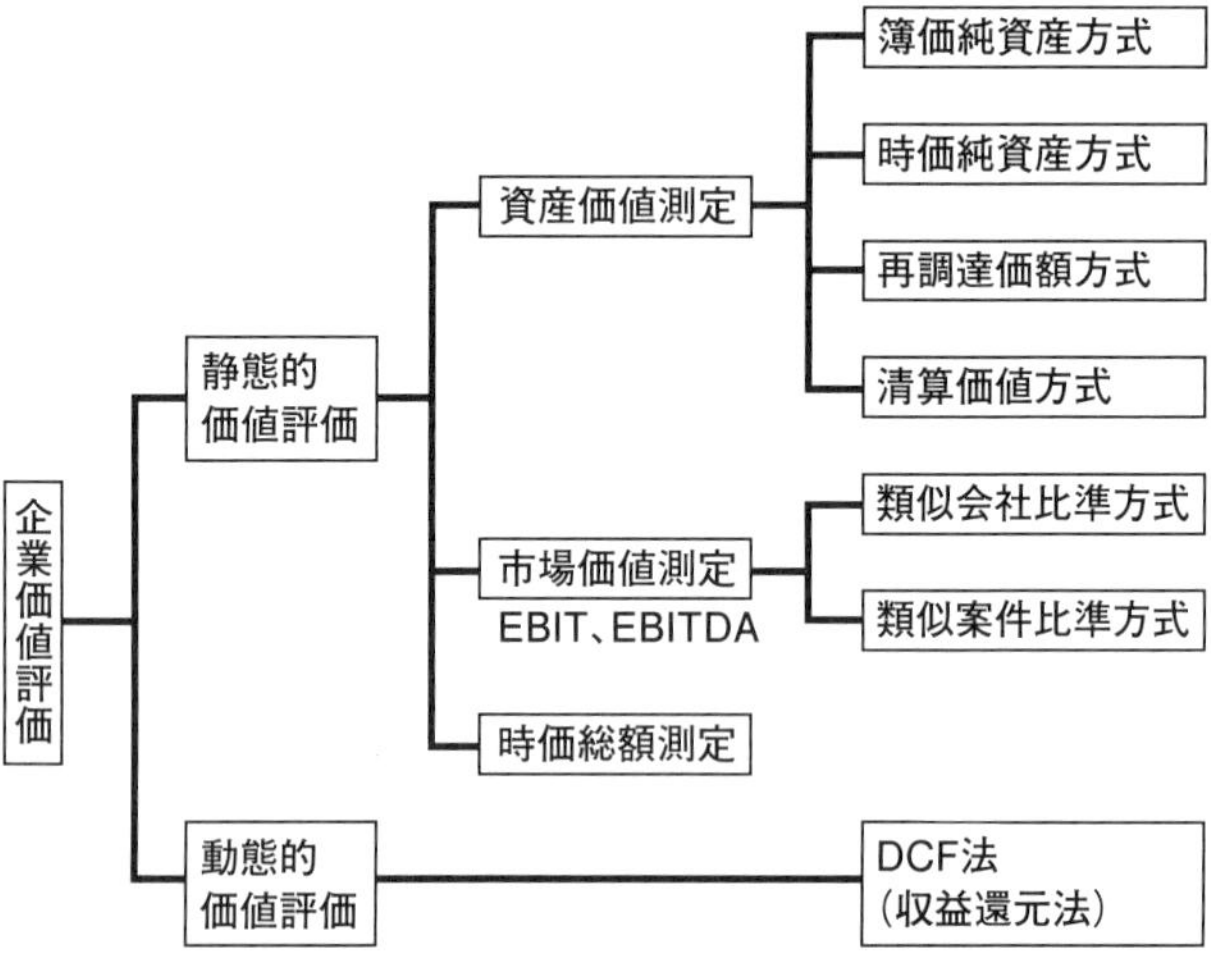

この3つの測定方法の1番目の資産価値測定とは、簡単にいえばBSから評価していくものです。

資産価値測定の中の1番上の簿価純資産方式は、BSの純資産の額を会社の値段とするものです。BSの資産から負債を引いた純資産が、その会社の正味財産、つまり会社の価値なのです。

時価純資産方式は、BSの資産を時価に直したものから負債を差し引いたものが純資産の実質の額だという考え方です。土地などの値段は取得価額で記載されている場合がありますから、莫大な含み益がある場合があります。

また、中古市場が存在する機械装置なども、簿価よりかなり低く市場で取引されているものもあるでしょうし、その逆もあるでしょう。それらを時価に戻して会社の価値を計算します。

再調達価額方式は、その会社をゼロから作り上げようと思えばどれくらいかかるかを予測して値段を決めるやり方です。

清算価値方式は、その会社を清算する場合の値段です。BS上の金額がたとえ時価であったとしても、実際に清算する場合にそのままの金額で処分できるとは限りません。純資産の額では清算価値を適切に表すことはできないことが多いと思われます。その会社が持っている土地や建物などを売却して清算すれば、どれだけお金が残るかということを基本にします。

3つの測定方法の2番目の市場価値測定は、欧米のM&Aではよく使われる方法です。欧米ではM&Aの事例が非常に多く、類似の企業が過去にどれくらいの値段で売買されたかの情報が豊富にあります。そのような情報を参考にして会社の値段を決めていくわけです。

その際に基準となるのがＥＢＩＴとかＥＢＩＴＤＡという指標です。ＥＢＩＴは"Earnings Before Interest and Taxes"の略で、税引前当期純利益に支払利息を加え受取利息を差し引いて算出します。日本では一般的に「イービット」と発音されています。

ＥＢＩＴＤＡは"Earnings Before Interest, Taxes, Depreciation and Amortization"の略で、ＥＢＩＴにさらに減価償却費を加えて算出します。日本では「イービッダ」もしくは「イービットディーエー」と発音されることが多いようです。

欧米のＭ＆Ａの世界では、このＥＢＩＴ、ＥＢＩＴＤＡに対して何倍くらいの値段で会社が売買されたかのデータが豊富にあります。Ｍ＆ＡをしかけるＴ対象の会社のＥＢＩＴ、ＥＢＩＴＤＡをもとに、類似の会社や類似の案件の買収額がそれぞれのＥＢＩＴやＥＢＩＴＤＡの何倍になっているかを参考にして、対象とする会社の買収額を決めていくわけです。

ちなみに、なぜ「当期純利益」を使わずにＥＢＩＴやＥＢＩＴＤＡを使うのでしょうか。まずは国際比較をしようと思えば、税率は国によって異なりますから税金の影響のない「税引前当期純利益」がＥＢＩＴ・ＥＢＩＴＤＡ共に基本となります。

次に、利息の影響を排除する理由です。例えばスタートアップ企業のように多額の借金をして事業をしているような場合、本来の営業活動によって利益は出ていても、支払利息の影響で税引前当期純利益が極端に少なくなることがあります。こういった資本構成の影響を排除して、本来の営業活動による利益獲得能力を指標にしようとしているのがＥＢＩＴです。

ＥＢＩＴとＥＢＩＴＤＡの違いは、減価償却費を考慮しているかどうかです。減価償却の考え方は国によって違いますし、同じ国でも例えば定額法によるのか定率法によるのかによって減価償却の額に差が出ます。

さらに言えば、ＥＢＩＴは利益概念であり、ＥＢＩＴＤＡはキャッシュフロー概念です。利益からキャッシュフローを計算するには、利益から現金の動きがないのに利益を変動させる減価償却費や売上債権・棚卸資産・仕入債務の増減を足し引きして計算します。ただ、定常的な営業をしている会社では、何年かで通してみると売上債権・棚卸資産・仕入債務の額が激変することはあまりありません。大まかに言えば、利益に減価償却費を足し戻した額がその年の営業活動によって獲得されたキャッシュとみなせるのです。

ＥＢＩＴやＥＢＩＴＤＡという言葉は、企業の経営目標や財務分析指標といったところでも出てくると思います。ＥＢＩＴは利益概念であり、ＥＢＩＴＤＡはキャッシュフロー概念であるとイメージしておくとよいでしょう。

３つの測定方法の３番目の時価総額測定の時価総額とは、その会社の株価×発行済み株式数です。これは株式市場が評価した現在の会社の値段ということです。上場している会社の株式を取得して企業を買収する場合は、この時価総額が売買の一つの基準価格になるのが一般的です。

上場している会社の場合は簡単に計算できますが、上場していない会社の場合は、その会社と類似の上場企業の時価総額から推定するという方法があります。類似の上場企業の時価総額が、その会社の利益や簿価純資産、はたまた先ほど説明したＥＢＩＴやＥＢＩＴＤＡの何倍になっているかを計算し、その倍率をもとに上場していない会社の事業価値を推定するという方法です。

(6) DCF (Discounted Cash Flow) という考え方

今まで説明してきた方法は、いずれも現在や過去のデータによって会社の値段を決めていく方法です。では、過去から現在にかけて良好な業績をあげていたが、将来は収益が極端に下がると予想される会社や、逆に過去の業績は悪くても将来大きな利益をあげることがほぼ間違いない会社の値段はどうやって決めればよいのでしょうか。また、上場企業の内部の一つの事業部門だけを買収するような場合は、その値段をどう決めればよいのでしょうか。

企業価値評価の方法をいろいろと説明してきましたが、現在の企業価値評価の主流となっているのが動態的価値評価、DCF法です。DCFとは"Discounted Cash Flow"の略で、「収益還元法」の一つです。

ビジネスにおける物の値段は、将来その物が生み出すであろうキャッシュフローの現在価値で決めるというのが基本です。例えば、ある商品を製造するために何億円もする新品の生産設備を発注し、それが稼働したとしましょう。ところが、その生産設備が作り出す製品は市場の劇的な変化により全く売れなくなったとします。さらに、その生産設備は当初設計した製品以外は作れないとしましょう。このような場合、この生産設備の価値はいくらでしょうか。答えは「0」です。将来キャッシュを生まないものは価値がないのです。

DCF法で会社の値段を決める場合は、その会社が将来生み出すであろうキャッシュフローを予測し、その将来のキャッシュフローの現在価値を計算するわけです。

将来のキャッシュフローを考えるとき、フリー・キャッシュフローという概念が出てきます。「フリー」というのは"free"、日本語の「自由」という意味の「フリー」です。何が「フリー」かというと、長期資金の提供者である「株主と債権者」が自由に使えるお金という意味での「フリー」です。

資本主義社会の仕組みからいえば、会社は株主の資本金（自己資本）からスタートします。会社は株主のものです。その資本金に債権者からの借入金など（他人資本）を加えて、全体のお金（総資本）で資産を調達し、その資産を活用して売上をあげ、その売上を利

図表5－6　**資本主義の論理とPL・BSの関係**

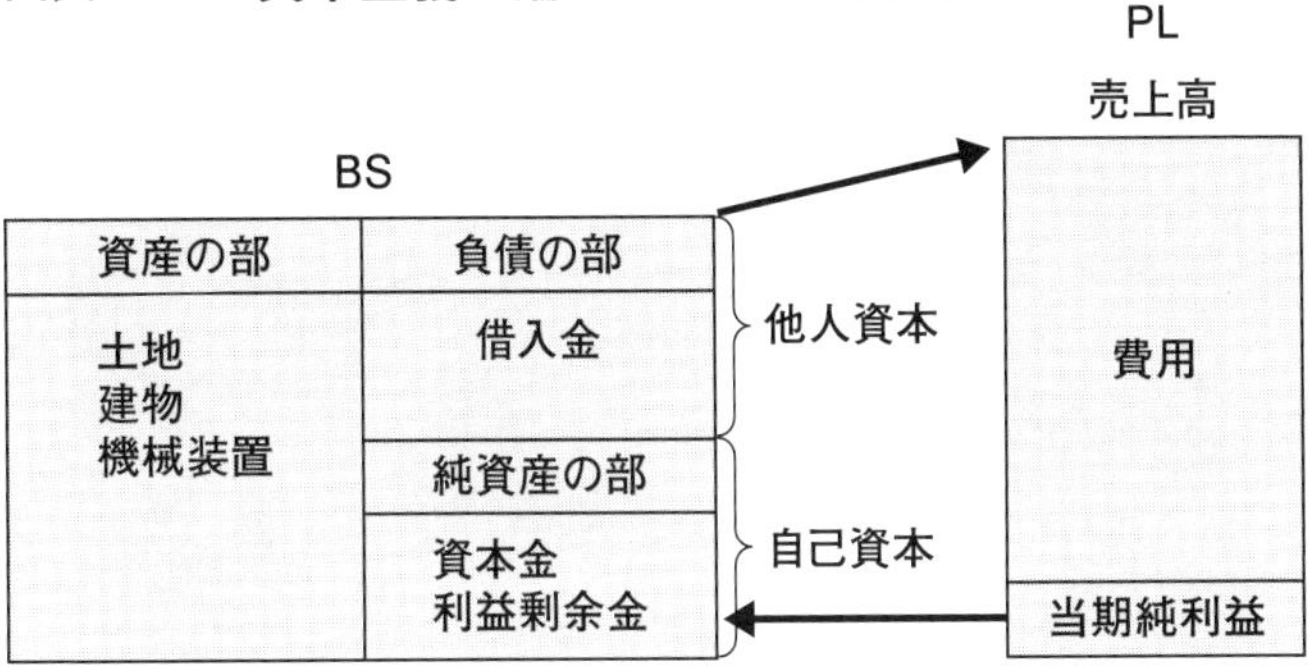

益に変えていきます。図表5－6のとおりです。

この売上高から、まず差し引かれるのが売上原価です。売上原価がなければ売上高は作れません。次に差し引くのが販売費及び一般管理費などの費用です。

そして、残った利益から次の3カ所への支払いが行われます。1カ所目が債権者への利息の支払い。2カ所目が政府機関への税金の支払い。そして最後の3カ所目が株主への配当金の支払いです。

会計的にはこういう順番で支払いが行われますが、ここでもう一度フリー・キャッシュフローの「フリー」の意味を確認しておきましょう。「フリー」とは、長期資金の提供者である「株主と債権者」が自由に使えるお金という意味でした。

つまり、フリー・キャッシュフローとは、債権者への利息の支払いと株主への配当金の支払いだけを除外し、税金も含めたすべての費用を支払った後に、「株主と債権者が自由に使えるお金」という意味なのです。

フリー・キャッシュフローは、企業価値評価の解説書などには次のように書いてあると思います。


フリー・キャッシュフロー＝金利支払前の税引後利益＋減価償却費－増加運転資金－必要設備投資額

このフリー・キャッシュフローの計算式は、計算式を見ればわかるように利益からキャッシュフローを計算しようとするものです。つまり、間接法ＣＳのキャッシュフローの計算方法です。

ただ、間接法ＣＳのキャッシュフローの計算は、ＰＬの「税引前当期純利益」が起点となりました。フリー・キャッシュフローの計算は、なぜ最初に「税引前当期純利益」ではなく「金利支払前の税引後利益」という利益がきているのでしょうか。

それは先ほど説明した、フリー・キャッシュフローの意味が理解できていればわかります。「株主と債権者が自由に使えるお金」という観点からいえば、税金だけを計上した後の利益、つまり債権者への金利の支払いや株主への配当をする前の、債権者と株主が自由に使える利益である「金利支払前の税引後利益」が起点となるわけです。

この「金利支払前の税引後利益」から営業キャッシュフローを求めるために、現金の動きがないのに利益を減らした減価償却費を足し戻して、次に利益とは関係なく運転資金が増える分の増加運転資金（売上債権、棚卸資産、支入債務などの増減）を引き戻します。ここまでが大まかな営業キャッシュフローの計算です。これはまさに、間接法CSを作るときの営業キャッシュフローの計算と同じです。

そして最後に、事業を継続していくために必要な投資キャッシュフローを差し引いています。会社の価値を計算する場合は「永続価値」で考えます。つまり、企業が将来にわたって永続すると仮定して計算します。事業を継続するには一般的に投資を続けていかなければなりませんから、必要な設備投資に伴う投資キャッシュフローである「必要設備投資額」を差し引いて、フリー・キャッシュフローとしているのです。

余談ですが、企業のアニュアルレポートなどで「フリー・キャッシュフロー」と書いてあるのは、便宜的にキャッシュフロー計算書の「営業キャッシュフロー」+「投資キャッシュフロー」(投資キャッシュフローは投資を行えばマイナスの数字)で計算しているものが多いようです。

話をDCFに戻しましょう。企業の将来のフリー・キャッシュフローがきちんと予測できれば、企業の現在価値の計算自体は難しいことではありません。現在価値の計算方法についてはすでに説明しました。

ただし、現在価値を計算する場合の割引率をどれくらいにしておけばよいかというのは難しい問題です。将来のフリー・キャッシュフローが同じでも、この割引率をどうとるかで会社の値段は大幅に違ってくるからです。

M&Aで会社の値段を決めるときの割引率は、資本コストを使います。資本コストとは、そのM&A案件の投資に最低限必要とされる効果を%(パーセンテージ)で表したものです。

例えば、買収に必要なお金をすべて借入金でまかなうと考えてください。この借入金の利率が3％ならこの借入金という他人資本の資本コストは3％です。買収のための資金をすべて借入金でまかなう場合、買収による効果が3％以上ないと借入金の金利を支払うことさえできません。

ただ、お金はすべて借入金で調達するわけではなく、資本金で調達するかもしれません。借入金の資本コストは借入金の利率ですが、資本金も株主は何がしかのリターンを期待しているわけですから、資本金に対する利回りも資本コストとして考えておかなければなりません。

資本金の資本コストを求める際によく用いられている方法は、資本資産価格モデル：CAPM（Capital Assets Pricing Model）という考え方を利用するもので、次の式で求められます。

資本コスト＝リスクフリーレート＋リスクプレミアム

リスクフリーレートとはリスクがゼロの投資機会に対する利回りで、一般的には長期国債の利回りが用いられます。リスクプレミアムは個々の会社の状況に応じてリスクフリーレートに加算されるコストです。会社の株式を購入する人にとっては、長期国債より株式の方がリスクが高いため、上乗せする値がこのリスクプレミアムです。

このリスクプレミアムの値は会社毎に異なるのですが、細かな計算は専門家に任せ、みなさんは基本的な考え方だけ理解しておけばよいと思います。ただ、もう少し突っ込んで資本コストのことを勉強したい方は、『できる人になるための「財務3表」』（中央経済社）をご参照ください。

これらの資本コストは、それぞれに借入金の場合は負債コスト、資本金の場合は株主資本コストといわれます。この負債コストと株主資本コストを加重平均して、現在価値を計算する場合の割引率である資本コストを計算します。これをWACC（Weighted Average Cost of Capital）といいます。日本語では「加重平均資本コスト」です。

実際にDCF法で会社の値段を決める場合は、このWACCをどう決めるかも難しいことなのですが、将来のキャッシュフローを予測すること自体が極めて難しいのです。結局、将来のことはだれも正確に予測することはできません。ですから、実際のM&A

ではDCF法だけでなく、172ページの図表5‐5に示したさまざまな計算方法を組み合わせて会社の値段を計算していきます。

さらにいえば、M&Aを行えばシナジー効果が出る場合もあります。買収先の顧客に自社の製品が売れるとか、規模が断然大きくなって市場支配力を持つようになるとかといったことです。そのような効果も考慮する必要があります。逆に、対象とする会社が競合他社に奪われた場合、致命的な損害を受けることがあり、何がなんでも買収しなければならない場合も出てくるでしょう。はたまた、買収したとたんに従業員がすべて退職してしまい、中身のない外枠だけを買ってしまうことになるリスクもあります。

このように、M&Aにおいて企業の価値を評価するうえではさまざまな要因が複雑に絡み合います。ですから、M&Aにおける会社の値段がいくらになるかは、当事者間の力関係や切迫度やかけひきが大きく影響します。

これまで説明してきた方法で計算した企業価値の数値はどれも、一つの目安でしかありません。最終的な売買価格の決定は、経営者間の交渉や判断に委ねられることになります。どんなビジネスでもそうですが、最終的な決定は人間が行うしかないのです。

7
ドラッカー経営学の本質

〈ドラッカーのヒント〉の最後として、ドラッカー経営学の基本的な考え方をお伝えしておきたいと思います。

ドラッカーが考え続けたのは、人間を疎外してしまう危険性すらある、この産業社会・組織社会・競争社会の中で、人はどうすれば仕事を通して幸せになれるのかということでした。

これまで何度も述べてきたように、ドラッカーは社会を生き物として見ていました。組織は社会の構成要員です。組織が社会の一員である以上、組織は社会に対する役割を担っています。どの組織も、それぞれの役割を果たし社会に貢献する責任があります。

企業だけでなく社会の一員としての私たちも、社会の中での役割があります。では、その社会の中で私たちはどうすれば仕事を通して幸せになれるのでしょうか。ドラッカーはまず、私たち自身の責任に焦点を合わせろと言います。

ドラッカーは次のように言います。「成功に必要なものは責任である。あらゆるものがそこから始まる。（中略）責任に焦点を合わせるとき、人は自らについてより大きな見方をするようになる。うぬぼれやプライドではない。誇りと自信である」[*27]

組織や社会に何かを求める前に、まず自らの責任に焦点を合わせることが、社会の中で自立した人間として誇りと自信を持って生きていくことにつながっていくのだと思います。

ドラッカーは人類史上初めて、マネジメントという分野全体を体系化した人です。ドラッカーは原書で800ページに及ぶ"Management"というタイトルの本を書いていますが、その本の最終章の「結論（Conclusion）」で次のように述べています。

「社会においてリーダー的な階層にある者は、自らの役割を果たすだけでは不十分である。成果をあげるだけでは不十分である。正統性をもたなければならない。社会から正統なものとしてその存在を是認されなければならない」[*28]

＊27『非営利組織の経営』P・F・ドラッカー著、上田惇生訳（ダイヤモンド社）
＊28『マネジメント　課題、責任、実践』P・F・ドラッカー著、上田惇生訳（ダイヤモンド社）

では、マネジメントの正統性とは何なのでしょうか。顧客を満足させ、成果をあげるだけでは不十分です。マネジメントの正統性の根拠は一つしかない。それは、「人の持ち味を生産的なものにすることである。組織とは、人が個人としてまた社会の一員として、貢献と自己実現を見出す手段なのである」[*29]とドラッカーは言うのです。

つまり、マネジメントの最も大切な役割は、一人ひとりの持ち味を活かして社会に貢献させ、そのことを通して従業員が自己実現を果たし、社会における自分の存在意義を感じさせることなのです。

ドラッカー経営学の根底には「人間の幸せ」があります。組織もマネジメントも会計も、人が幸せになるための手段でしかありません。会計を組織のマネジメントとの関係の中で理解し、人間の幸せのために活かしていただきたいと思います。

＊29 Peter F. Drucker "Management: Tasks, Responsibilities, Practices" Collins Business の内容の著者による翻訳。原文は "to make human strength productive. Organization is the means through which man, as an individual and as a member of the community, finds both contribution and achievement."

附章　事業再生の考え方

この附章の事業再生に関する内容は、改訂前の『財務3表実践活用法』に掲載されていたものですが、この内容が管理会計に含まれる内容かどうかはわかりません。ただ、「財務3表を意識しながら利益をあげ続けることを考える」という観点から、また「会計を使って事業全体をマネジメントする」という観点から、この附章の内容は本書にフィットしていると思います。本書の復習の気持ちで読んでみてください。

(1) まずはPLから手を打つ

事業再生を考えるのは事業がうまくいかなくなっているときです。「事業がうまくいかなくなっている」というのは、利益が出なくなっていたりキャッシュが回らなくなっていたりすることを指す場合が多いでしょう。

この対策をどう立てていくか。あまりにも多くの要因がありすぎて、何から手をつければいいのかわからず混乱しがちですが、財務3表で事業全体を視野に入れながら考えると頭が整理できます。

本当に事態が切迫している場合は、早急に利益が出る形にしなければなりません。「人事制度を変えて、従業員のモチベーションをあげていきましょう」とか「研究開発組織を見直して、商品の開発体制を整えましょう」などと、悠長なことを言っている暇はありません。

ＰＬとＢＳに事業の実態が表されているわけですが、まず注目するのはＰＬです。利益を増やすための方法論は、ロジックツリーを使えばスッキリ整理できます（１９２・１９３ページの**図表 附-1**）。

利益を上げるには収益を上げるか費用を下げるかしかありません。ロジックツリーに示されているように、収益を上げるには、「売上高」と「営業外収益」と「特別利益」の３つを増やすことが考えられます。費用を下げるには、「売上原価」「販売管理費」「営業外費用」「特別損失」「税金」の５つを減らすことが考えられます。

実はこの利益対策の中で、売上高を上げること、ドラッカーの言葉を借りれば「顧客が欲しがる商品やサービスを、顧客が自らすすんで支払う価格で供給すること（supply goods and services desired by the customer at a price the customer is willing to pay）[*30]」

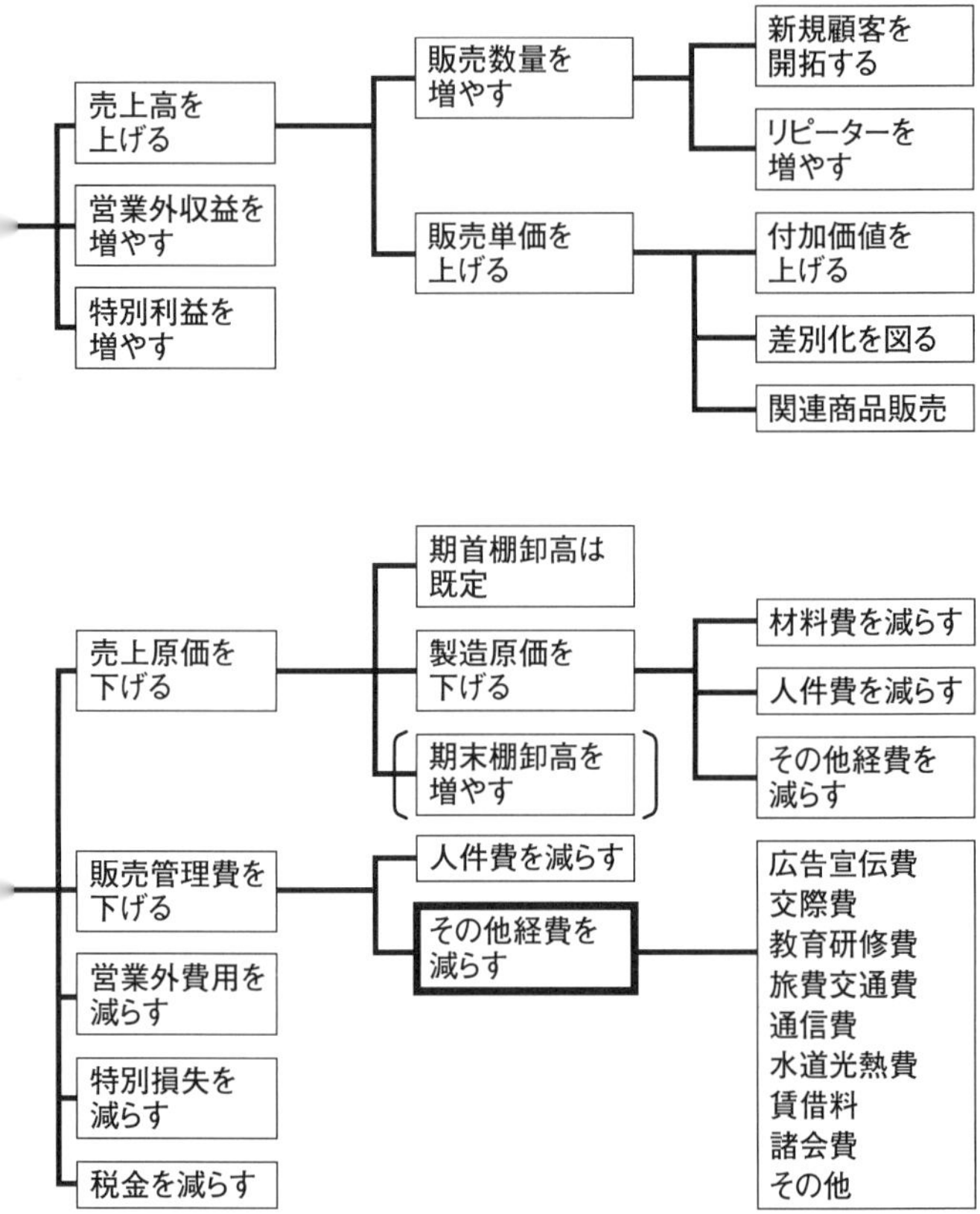
売上高を上げる
営業外収益を増やす
特別利益を増やす
販売数量を増やす
販売単価を上げる
新規顧客を開拓する
リピーターを増やす
付加価値を上げる
差別化を図る
関連商品販売
売上原価を下げる
販売管理費を下げる
営業外費用を減らす
特別損失を減らす
税金を減らす
期首棚卸高は既定
製造原価を下げる
期末棚卸高を増やす
人件費を減らす
その他経費を減らす
材料費を減らす
人件費を減らす
その他経費を減らす
広告宣伝費
交際費
教育研修費
旅費交通費
通信費
水道光熱費
賃借料
諸会費
その他

図表 附－1
利益対策のロジックツリー

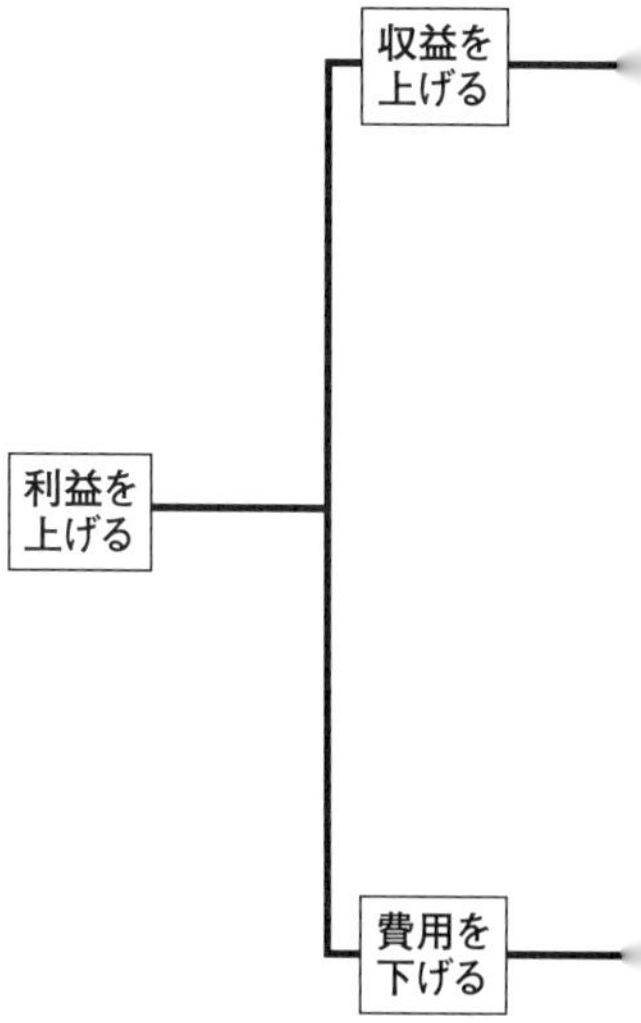

こそが、企業が注力しなければならないことです。

しかし、それには日々の努力や工夫の積み重ねが必要です。利益が出なくなったからといって売上をすぐに改善できるはずがありません。それができるのなら、事態が深刻になる前に手を打てていたはずです。何がしかの手を打って売上が上がるようにするためには、時間がかかります。

＊30 Peter F. Drucker "Management: Tasks, Responsibilities, Practices" Collins Business

短期間に売上を増やすのが難しいとなると、利益を増やすために残る手立ては一つしかありません。費用を減らすことです。しかし、この費用の中にも削減が困難なものがあります。

例えば、小売業における売上原価。これは売上の増減によって自動的に決まってくるものであり、仕入先との価格交渉をしない限り下げられないものです。

192・193ページの図表 附－1の中の「期末棚卸高を増やす」に（ ）を付けている理由を説明しておきます。『新版 財務3表一体理解法』で、期末に在庫を認識すると売上原価が下がって利益が増えるというような書き方をしたので、期末の在庫を増やせば利益が増えると勘違いしている方がおられるかもしれません。

『新版 財務3表一体理解法』で説明した小売業のように、売上原価を「期首の在庫」＋「当期の仕入高」－「期末の在庫」という方法で計算するというのは、期末の在庫を認識して当期の正しい売上原価を計算するということです。利益を増やすために勝手に在庫を増やすことはできません。ありもしない在庫を計上するのは粉飾です。ですので、実体がないのにこの期末棚卸高を勝手に増やすことはできません。

製造業の場合、当期の製造量を極端に増やして期末の在庫が増えれば、第2章の原価計算のところで説明したように、当期の製造間接費は当期の売上原価になる製品と在庫になる製品の両方に配賦されますから、当期の売上原価が多少下がって利益が上がるということはありえます。ただし、意図的に期末の在庫を極端に増やさない限り、一般的にその影響は微々たるものです。

話を元に戻しましょう。営業外費用の中に出てくる借入金に対する支払利息も金融機関との交渉でもしない限り基本的には減らせません。

企業が独自にコントロールできる費用で、経営に即座に大きな悪影響を与えないものは、図表 附－1の太線の枠で示している「その他経費を減らす」の中の広告宣伝費、交際費、教育研修費、旅費交通費、通信費などです。このような項目を統制可能経費と呼んだりすることがあります。簡単に統制することが可能な費用という意味です。経営が苦しい状況なら、これらの経費は即座に削減しなければなりません。

しかし、これらの費用は全体の費用からいえば比較的少額のものです。売上原価を除けば企業の費用の中でかなりのウエートを占めるのは一般的に人件費です。ですから、事業再生を進めようとすればどうしても人の問題に直面するのです。

会社が危機的な状況になれば、債務の返済免除や債務の返済計画の見直し（リスケ…リスケジュール＝rescheduleの略）を金融機関にお願いしなければならなくなります。他人に無理なお願いをするのであれば、まず自らが身を切る必要があります。

ですから事業再生は、経営陣の入れ替えや役員報酬の大幅削減→人員削減や従業員の給与カット→財務リストラ（借金の返済免除やリスケ）、の順に進んでいくのです。

（2）次にBSの左側に手を打つ

ＰＬの中でできることをやったら、次はＢＳです。ＢＳの左側を見て事業に直接関係ない固定資産を売却します（**図表 附－2**）。事業に直接関係ない株式なども、いの一番に売却すべきものでしょう。資産が売却できれば、その売却代金で借金が返済できます。借金が減れば支払利息が減り、利益が改善します。また、自社ビルを売却し事務所を借りた方が経営的に効率がよい場合もあります。

図表 附-2　BSの左側に着目

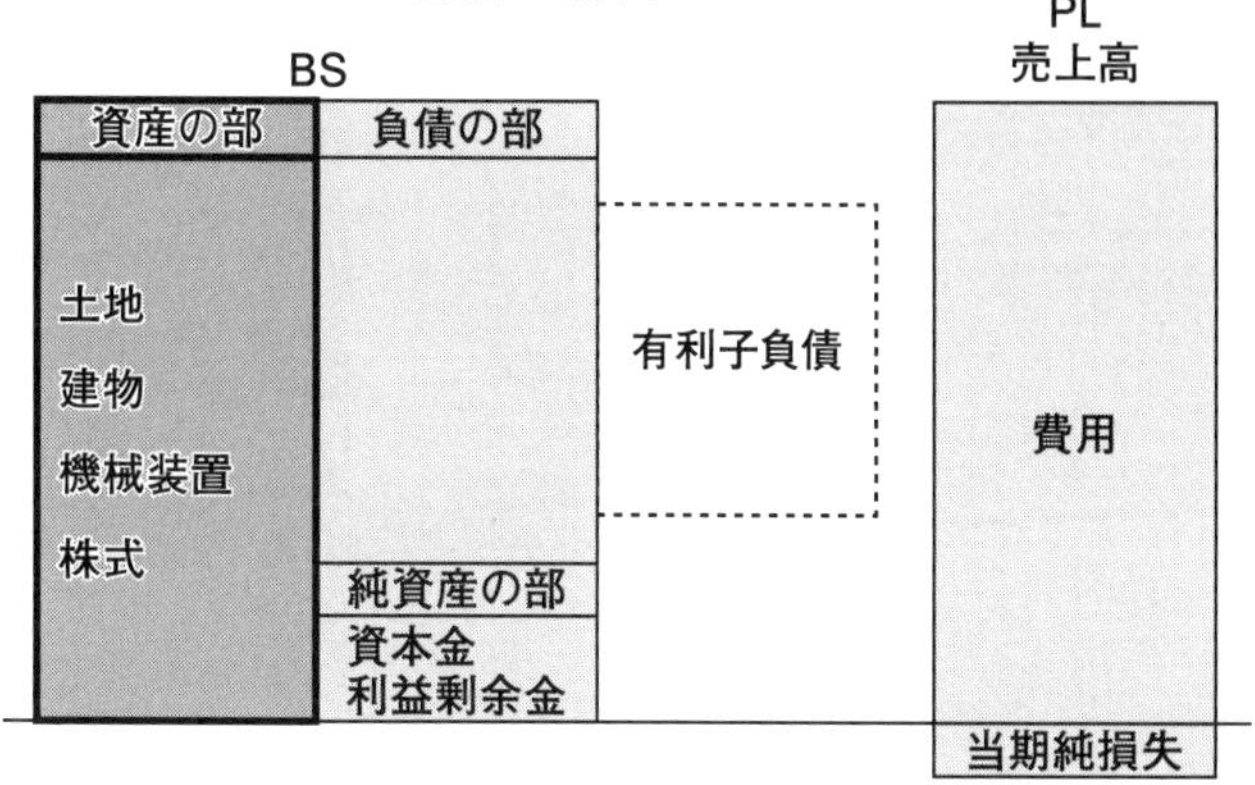

さらに、不採算事業の分社化や売却なども視野に入れる必要があるかもしれません。ただ、不採算の事業を分社化したら、分社した方の会社はいいが、分社された方の会社はどうなるのだろうと思われる方もいらっしゃるでしょう。

私の経験からいえば、分社された不採算の会社も黒字になる場合が少なくありません。それは、大きな本社部門の費用配賦が減るからだけではありません。分社された会社の経営者と従業員の意識が変わるからです。大きな組織の一部門であれば、その部門が赤字になろうがキャッシュが足りなくなろうが、その部門の構成員にはたいした緊張感もない場合が少なくありません。しかし、独立会社になれば、赤字になったりキャッシュが足りなくなったりすれば、会社はそれで終わりです。緊張感が違ってくるのです。

(3) BSの右側にも手を打つ

BSの左側に手を打ったら、次はBSの右側です。つまり、借金の削減です(図表 附-3)。

調子が悪くなっている企業でよくあるケースは、営業キャッシュフローはわずかにプラスなのに財務キャッシュフローが大幅なマイナスで、キャッシュが続かなくなっているというパターンです(図表 附-4)。

営業キャッシュフローがプラスということは、営業活動で現金が増えていることを意味します。PLも黒字になっている場合が少なくありません。財務キャッシュフローが大幅なマイナスとは、一般的に借金の返済のために莫大なお金が出ていっていることを意味します。

図表 附-3　BSの右側をどうするか

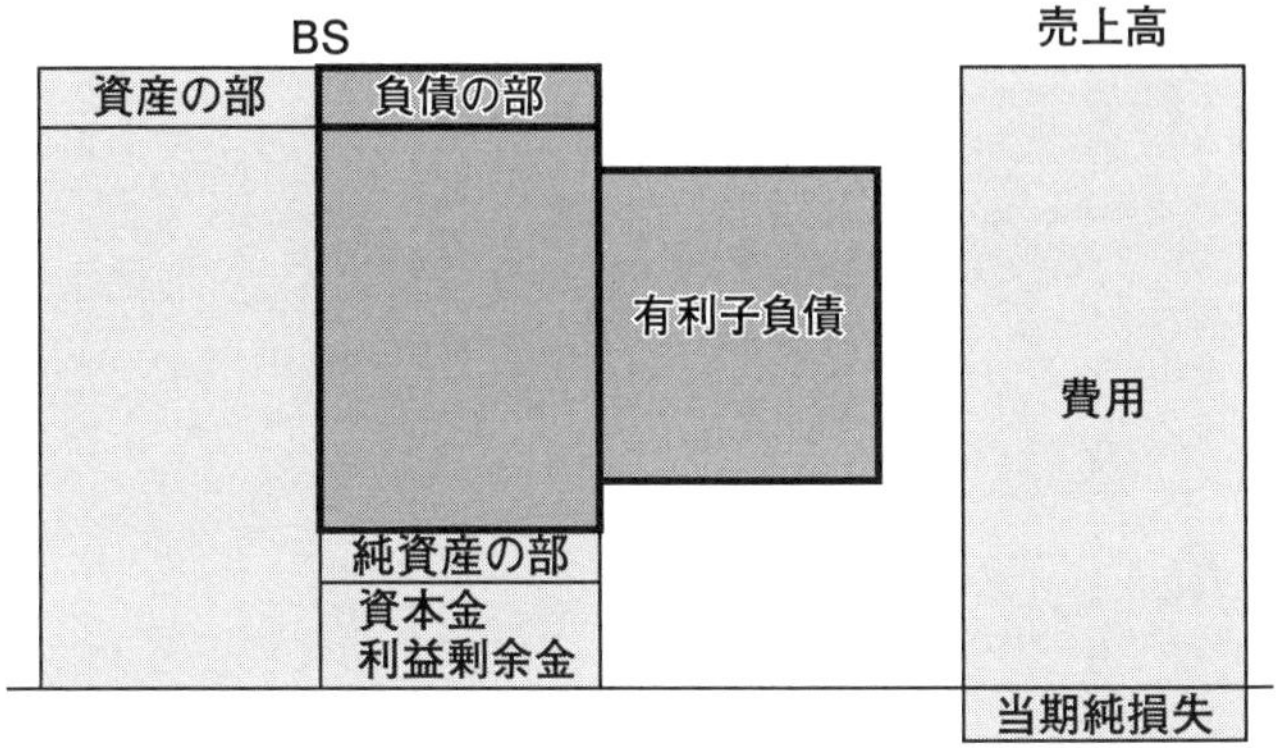

図表 附-4
借金が多くて経営がおかしくなっている会社のCS

営業キャッシュフロー	わずかに　＋
投資キャッシュフロー	ほとんど　0
財務キャッシュフロー	大幅な　－

『新版 財務3表一体理解法』で何度も指摘したように、借入金の元金部分の返済額はPLには表れません。PLに表れるのは支払利息のみです。そのため、かなりの額の借金をしていても、PLは黒字のままの会社が多いのです。しかし、営業キャッシュフローのプラスの額がわずかばかりであれば、借金返済のためのキャッシュが足りなくなってしまうのです。

ただし、一般の企業が「借

金が多すぎて経営が苦しくなっているので借金を帳消しにしてください」と言っても、「ハイ、わかりました」と言ってくれる金融機関はありません。債務免除が行われるのは非常に特殊なケースです。一般的には債務返済ができなくなったら、返済期間を長くして毎年の返済額を減らす債務の返済計画の見直し（リスケ）を申請します。

また、DES（Debt Equity Swap）という方法がとられることもあります。これはDebt（債務）とEquity（資本）をSwap（交換）するという方法です。日本語では「債務の株式化」と呼ばれています。企業側としては借金が資本金に換われば返済義務がなくなるので、キャッシュフローが大幅に改善し事業再生がやりやすくなります。

金融機関側としては、利息収入や元金返済分のお金が入ってこなくなるのでメリットがないようにも思えますが、債権はなくなるもののそれが株式として残ります。金融機関としては借金の棒引きである債権放棄よりはまだましな処理なのです。

そして、もし企業がDESにより立ち直ることができれば、将来は配当を受け取ることもあるでしょうし、持っている株式を売却して利益をあげられるかもしれないのです。

ただし、DESが行われるのも極めて特殊なケースです（DESの仕組みについては『新

版 財務3表一体理解法 発展編』をご参照ください)。

もし、強力に支援してくれる株主がいるのであれば、株主から増資をしてもらってそのお金で借金を返済するという道もあります。『新版 財務3表図解分析法』にも書きましたが、三菱自動車工業はグループ会社の三菱重工業、三菱商事、東京三菱銀行(現・三菱UFJ銀行)の3社から総額7500億円規模の資本注入をしてもらったことがありました。

実際の事業再生のプロセスを見ると、基本的なパターンは、経営陣の交代や役員報酬の大幅な減額→人員削減及び給与カットを含む費用の削減→資産売却→負債の処理、といった順番に進んでいくことがわかります。

(4) BSの左右を見てキャッシュフローを改善する

事業再生の考え方の一つに、BSの左右を見てキャッシュフローを改善するということがありますが、このことについては131ページの第4章「(3) 短期のキャッシュフロー・マネジメント」で詳しく説明しましたので、ここでの説明は割愛します。

(5) 代替案のシミュレーションと意思決定

これまで事業再生の考え方について説明してきましたが、財務3表が理解できている人は、この附章で説明した事業再生の考え方に具体的な数字を当てはめて、財務3表を使ってシミュレーションしてみてください。さらにそれを、119ページの図表4-1のように図解すれば、会社が変化していく姿がイメージできると思います。

費用を減らせば当然ながらPLの利益はあがります。不要な資産を売却して、そのお金で借金を返済すればBSが小さくなります。BSが小さくなるだけでなく、借金が減るのでそれに応じて支払利息が減り利益があがります。さらに、売掛金の回収期間を短くしたり在庫を減らしたりすれば現金が増え、買掛金の支払い期間を長くすればそれだけ多くの現金が会社に残ることになります。それら現金の変化がCSに表れます。

事業が会計によって数値化されていることのメリットは、数字でのシミュレーションが可能になることです。さまざまな代替案を実施したらどうなるか、具体的にそれらを実施する前に数字を使って机の上で試すことができるのです。

この附章では事業再生の考え方について説明しましたが、予算策定も考え方は同じです。予算策定ではまず、確定した制約要因のもとで期待できる予算の原案を作ります。そして、条件を変えながらいくつもの代替案を作り、それらの代替案を会計の数字を使ってシミュレーションし、最善の方法を選んで実行していきます。

事業再生であれ予算策定であれ、重要なのはどの代替案を選ぶかという意思決定です。設備投資をするのかしないのか。設備を買うのか借りるのか。それらの判断が会社の将来の姿を変えていきます。言うまでもないことですが、事業のマネジメントにおいて意思決定は極めて重要です。

では、意思決定において大切なことは何なのでしょうか。ドラッカーは意思決定について次のように言います。「意思決定は判断である。それは、選択肢からの選択である。(中略)正しい意思決定は、共通の理解と、意見の衝突と対立、そして競合する複数の選択肢についての真剣な検討から生まれる。(中略)結論からスタートして、その結論を裏づける事実を探すようなことは、絶対に行ってはならない（中略）一般的に、成果をあげる意思決定は苦い」[*31]

空気を読んだり忖度《そんたく》したりすることが大事にされる日本社会においては、身につまされるような指摘です。日本社会では、まさに「何が正しいかより誰が正しいか」が判断規準にされている場合が多いような気がします。

会計を使っての代替案のシミュレーションは、ドラッカーの言う正しい意思決定のプロセスをサポートしてくれます。会計をマネジメントに活かしてください。

＊31『経営者の条件』P・F・ドラッカー著、上田惇生訳（ダイヤモンド社）

おわりに

最後までお読みいただきありがとうございました。『財務3表一体理解法』がベストセラーになった直後から「原価計算や管理会計に関しても会計の専門家ではない人向けのわかりやすい本を書いてほしい」との要望をいただいてきました。今回やっとその要望に応えることができました。

本書をお読みになって感じていただけたと思いますが、管理会計の本として本書には他の類書とは一線を画す大きな特徴が3つあります。

1つ目は、本書は会計の専門家ではない人がつまずきやすいところをその本質にまで遡って丁寧に説明していることです。管理会計も財務会計と同じく、会計の専門家ではない人にはわかりにくい分野です。本書もこれまでの「財務3表シリーズ」と同じように、会計の専門家ではない人を強く意識して執筆しました。

2つ目は、財務3表を意識しながら管理会計を説明したことです。管理会計は財務会計とは違って明確な定義やルールがあるわけではありません。そのことが管理会計の全体像を把握しにくくしていると思います。管理会計は事業マネジメントのための会計ですから、お金を集める→投資する→利益をあげるという事業の全プロセスを会計的に説明している財務3表を意識しながら勉強すれば体系的に理解できるのです。

3つ目は、管理会計をマネジメントの全体像やその基本的な考え方と関連付けながら説明したことです。管理会計はそもそも"Management Accounting"ですから、マネジメントの全体像やその基本的な考え方と関連付けながら勉強すれば、管理会計の意味と役割が明確になります。

また、ドラッカーの本質的な指摘と共に管理会計を学ぶことにより、管理会計の意味とその重要性、さらにはその使い方がより鮮明になったのではないかと思います。

本書を読んでドラッカー経営学に興味を持たれた方は、私が書いた本の紹介で誠に恐縮ですが、『現場のドラッカー』(角川新書)を読んでみてください。本書の第1章や

〈ドラッカーのヒント5〉で触れたA社が、全社員でドラッカー経営学を学び実践し、業績をV字回復させた事例を紹介しています。また、ドラッカー経営学を組織の共通言語にしたい方は、『ドラッカーが教えてくれる「マネジメントの本質」』（日本経済新聞出版）を活用してみてください。

ドラッカー経営学を経営者やマネジャーだけが勉強しても組織はなかなか変わっていきませんが、全社員でドラッカー経営学を学び、それが組織の共通言語になれば、組織は大きく変わっていきます。

ドラッカーが『現代の経営』という本を書いて「マネジメントの父」と呼ばれるようになってから70年が経ちます。そう言うと、読者のみなさんはひと昔前の人と思われるかもしれません。ただ、ドラッカーという人は、時代が変わっても変わらない物事の本質を私たちに伝えてくれていると思います。

マネジメントも管理会計も、組織をうまく運営していくための手段でしかありません。組織の中で、管理会計を含めたマネジメントを機能させ、読者のみなさんが所属する組織をどうにかうまく運営し、社会に貢献していただきたいと思います。

最後に、この紙面をお借りして感謝の気持ちを伝えておきたい人がいます。1人目は、この15年間にわたって私の本の内容をチェックしてきてくれた友人です。名前は明らかにできないのですが、公認会計士の彼がいつも私の本を入念にチェックしてくれているおかげで、会計の専門家ではない私が自信をもって会計の本を世に出すことができています。

次は、朝日新聞出版書籍編集部長の宇都宮健太朗氏、「朝日新書」編集長の松尾信吾氏、編集委員の首藤由之氏です。これまでの「財務3表シリーズ」同様に、今回もまた会計の専門家ではない人向けの会計本を世に出すという視点でたくさんの貴重なアドバイスとご支援をいただきました。ちなみに、首藤さんは2007年に『決算書がスラスラわかる財務3表一体理解法』を出版したときの朝日新書の編集担当者でした。『財務3表一体理解法』という書名の名付け親でもあり、その後「朝日新書」編集長、書籍編集部長を歴任されました。

最後は、本書の出版に関してご尽力いただいたすべてのみなさんです。本を出版する際に私はいつも思うのですが、一冊の本ができあがって読者に届くまでには、図版作成・デザイン・校正・ＤＴＰ・印刷・営業・取次・書籍販売店など、それぞれの分野のプロの方々の大変なご尽力があります。そのような、表にお名前の出てこないみなさんのご尽力によって、本書がいま読者のみなさんの手元に存在しているのだと思っています。

この場をお借りして、本書の出版にご尽力いただいたみなさんに、さらには私の人生を支えてくださったすべてのみなさんに心より感謝申し上げます。

本書が、管理会計の理解に苦しむ多くのみなさんのお役に立ち、現場で活かされ、成果につながっていくことを心から願っております。

國貞克則

参照図書

1. P・F・ドラッカー著、上田惇生訳『マネジメント　課題、責任、実践』ダイヤモンド社、2008年
2. P・F・ドラッカー著、有賀裕子訳『マネジメント　務め、責任、実践』日経BP社、2008年
3. Peter F. Drucker "Management: Tasks, Responsibilities, Practices" Collins Business, 2008
4. P・F・ドラッカー著、上田惇生訳『【エッセンシャル版】マネジメント　基本と原則』ダイヤモンド社、2001年
5. P・F・ドラッカー著、上田惇生＋佐々木実智男訳『新しい現実』ダイヤモンド社、1989年
6. P・F・ドラッカー著、上田惇生訳『[新訳] 創造する経営者』ダイヤモンド社、1995年
7. P・F・ドラッカー著、上田惇生訳『[新訳] 経営者の条件』ダイヤモンド社、1995年
8. P・F・ドラッカー著、上田惇生訳『[新訳] 現代の経営』ダイヤモンド社、1996年
9. P・F・ドラッカー著、上田惇生訳『明日を支配するもの』ダイヤモンド社、1999年
10. P・F・ドラッカー著、上田惇生訳『非営利組織の経営』ダイヤモンド社、2007年
11. P・F・ドラッカー著、上田惇生訳『企業とは何か』ダイヤモンド社、2008年
12. P・F・ドラッカー著、ジョゼフ・A・マチャレロ編、上田惇生訳『経営の真髄』ダイヤモンド社、2012年
13. デイビッド・メッキン著、國貞克則訳『財務マネジメントの基本と原則』東洋経済新報社、2008年

ここに記載した参考文献は私が所有し参考にした書籍です。ドラッカーの主要著作の日本語版については、「ドラッカー名著集」エターナル・コレクションとしてダイヤモンド社から2006年以降再出版されています。

國貞克則 くにさだ・かつのり
1961年岡山県生まれ。東北大学機械工学科卒業後、神戸製鋼所入社。海外プラント建設事業部、人事部、鉄鋼海外事業企画部、建設機械事業部などで業務に従事。1996年米国クレアモント大学ピーター・ドラッカー経営大学院でMBA取得。2001年ボナ・ヴィータ コーポレーションを設立。日経ビジネススクールなどで公開セミナーやｅラーニングの講座を担当している。著書に『新版 財務３表一体理解法』『新版 財務３表図解分析法』（ともに朝日新書）、『渋沢栄一とドラッカー 未来創造の方法論』（KADOKAWA）、訳書に『財務マネジメントの基本と原則』（東洋経済新報社）などがある。

朝日新書
947

財《ざい》務《む》３表《さんぴょう》一体《いったい》理《り》解法《かいほう》
「管《かん》理《り》会《かい》計《けい》」編《へん》

2024年２月28日第１刷発行

著　者　國貞克則

発行者　宇都宮健太朗
カバーデザイン　アンスガー・フォルマー　田嶋佳子
印刷所　TOPPAN株式会社
発行所　朝日新聞出版
〒104-8011　東京都中央区築地5-3-2
電話　03-5541-8832（編集）
　　　03-5540-7793（販売）

Published in Japan by Asahi Shimbun Publications Inc.
ISBN 978-4-02-295255-4
定価はカバーに表示してあります。

訂正する力

東　浩紀

日本にいま必要なのは「訂正する力」です。保守とリベラルの対話にも、成熟した国のありかたや老いを肯定するためにも、さらにはビジネスにおける組織論、日本の思想や歴史理解にも役立つ、隠れた力を解き明かします。デビュー30周年の決定版。

日本三大幕府を解剖する
鎌倉・室町・江戸幕府の特色と内幕

河合　敦

三大武家政権の誕生から崩壊までを徹底解説！　源頼朝・足利尊氏・徳川家康は、いかにして天皇権力と対峙し、幕府体制を確立させたのか？　歴史時代小説読者&大河ドラマファン、必読！　1冊で三大幕府がマスターできる、画期的な歴史新書!!

安倍晋三 vs. 日刊ゲンダイ
「強権政治」との10年戦争

小塚かおる

創刊以来「権力に媚びない」姿勢を貫いているというこの夕刊紙は、「安保法制」「モリ・カケ・桜」など第2次安倍政権の「大罪」に、どう立ち向かったか。同紙の第一編集局長が戦いの軌跡を公開し、徹底検証する。これが「歴史法廷」の最終報告書！

食料危機の未来年表
そして日本人が飢える日

高橋五郎

日本は食料自給率18%の「隠れ飢餓国」だった！　有事における穀物支配国の動向やサプライチェーンの分断、先進国の食料争奪戦など、日本の食料安全保障は深刻な危機に直面している。世界182か国の食料自給率を同一基準で算出し世界初公開。

脳を活かすスマホ術
スタンフォード哲学博士が教える知的活用法

星　友啓

スマホをどのように使えば脳に良いのか。〈インプット〉〈エンゲージメント〉〈ウェルビーイング〉〈モチベーション〉というスマホの4大長所を、ポジティブに活用するメソッドを紹介。アメリカの最新研究に基づく「脳のゴールデンタイム」をつくるスマホ術！

発達「障害」でなくなる日
朝日新聞取材班

こだわりが強い、コミュニケーションが苦手といった発達障害の特性は本当に「障害」なのか。学校や会社、人間関係などに困難を感じる人々の事例を通し、当事者の生きづらさが消える新しい捉え方、接し方を探る。「朝日新聞」大反響連載を書籍化。

藤原氏の1300年
超名門一族で読み解く日本史
京谷一樹

摂関政治によって栄華を極めた藤原氏は、一族の「ブランド」を最大限に生かし続け、武士の世も、激動の近現代も生き抜いた。大化の改新の中臣鎌足から昭和の内閣総理大臣・近衛文麿までの90人を取り上げ、名門一族の華麗なる物語をひもとく。

台湾有事　日本の選択
田岡俊次

台湾有事――本当の危機が迫っている。米中対立のリアル、思考停止する日本政府の実態、日本がこうむる人的・経済的損害の実相。選択を間違えたら日本は壊滅する。安保政策が歴史的大転換を遂げた今、老練の軍事ジャーナリストによる渾身の警告！

どろどろの聖人伝
清涼院流水

サンタクロースってどんな人だったの？　12使徒の生涯とは？　キリスト教の聖人は、意外にも2000人以上存在します。そのなかから、有名な聖人を取り上げ、その物語をご紹介。聖人伝を通して、日本とは異なる文化を楽しんでいただけることでしょう。

一億三千万人のための『歎異抄』
高橋源一郎

戦乱と飢饉の中世、弟子の唯円が聞き取った親鸞の『歎異抄』。救い、悪、他力の教えに、西田幾多郎、司馬遼太郎、梅原猛、吉本隆明は魅了され、著者も10年近く読みこんだ。『歎異抄』は親鸞の『君たちはどう生きるか』なのだ。今の言葉で伝えるみごとな翻訳。

ブッダに学ぶ　老いと死

山折哲雄

俗人の私たちがブッダのように悟れるはずはない。しかし、紀元前500年ごろに80歳の高齢まで生きたブッダの人生、特に悟りを開く以前の「俗人ブッダの生き方」と「最晩年の姿」に長い老後を身軽に生きるヒントがある。坐る、歩く、そして断食往生まで、実践的な知恵を探る。

ハーバードが教える最高の長寿食

満尾　正

ハーバードで栄養学を学び、アンチエイジング・クリニックを開院する医師が教える、健康長寿を実現する食事術。正解は、1970年代の和食。和食は、青魚や緑の濃い野菜、みそや納豆などの発酵食品をバランスよく摂れる。毎日の食事から、健康診断の数値別の食養生まで伝授。

藤原道長と紫式部
「貴族道」と「女房」の平安王朝

関　幸彦

光源氏のモデルは道長なのか？　紫式部の想い人は本当に道長なのか？　摂関政治の最高権力者・道長と王朝文学の第一人者・紫式部を中心に日本史上最長400年の平安時代の真実に迫る！　NHK大河ドラマ「光る君へ」を読み解くための必読書。

沢田研二

中川右介

芸能界にデビューするや、沢田研二はたちまちスターに。だが、「時代の寵児」であり続けるためには、過酷な競争に生き残らなければならない。熾烈なヒットチャート争いと賞レースを、いかに制したか。ジュリーの闘いの全軌跡。圧巻の情報量で、歌謡曲黄金時代を描き切る。

朝日新書

オホーツク核要塞
歴史と衛星画像で読み解くロシアの極東軍事戦略

小泉　悠

超人気軍事研究家が、ロシアによる北方領土を含めたオホーツク海における軍事戦略を論じる。この地で進む原子力潜水艦配備の脅威を明らかにし、終わりの見えないウクライナ戦争との関連を指摘し、日本の安全保障政策はどうあるべきか提言する。

人類の終着点
戦争・AI・ヒューマニティの未来

エマニュエル・トッド
マルクス・ガブリエル
フランシス・フクヤマ　ほか

各地で頻発する戦争により、世界は「暗い過去」へと逆戻りした。一方で、飛躍的な進化を遂げたAIは、ビッグテックという新たな権力者と結託し、自由社会を脅かす。今後の人類が直面する「歴史の新たな局面」を、世界最高の知性とともに予測する。

ルポ　出稼ぎ日本人風俗嬢

松岡かすみ

性風俗業で海外に出稼ぎに行く日本女性が増えている。本書は出稼ぎ女性たちの暮らしや仕事内容を徹底取材。なぜリスクを冒して海外で身体を売るのか。貧しくなったこの国で生きていくとはどういうことか。比類なきルポ。

パラサイト難婚社会

山田昌弘

個人化の時代における「結婚・未婚・離婚」は何を意味するか？　3組に1組が離婚し、60歳の3分の1がパートナーを持たず、男性の生涯未婚率が3割に届こうとする日本社会はどこへ向かうのか？　家族社会学の第一人者が課題に挑む、リアルな提言書。

財務3表一体理解法
「管理会計」編

國貞克則

「財務3表」の考え方で「管理会計」を読み解くと、どうなるか。原価計算や損益分岐などお馴染みの会計テーマが独特の視点で解説されていく。経営目線からの投資評価や事業再生の分析は「実践活用法」からほぼ踏襲。新しい「会計本」が誕生！